ブックマン社

ビレッジプライド

「0円起業」の
町をつくった
公務員の物語

寺本英仁

今は、都会より田舎のほうが
暮らしに誇りを実感できる世の中なのだ。
これを、「地方の誇り＝ビレッジプライド」だと考えている。

目次

第1章　過疎でジリ貧の町を変えた「食」と「農」　6
町の人とともに成長し、愛されるレストラン／「ajikura」の成功／この町に住む「誇り」を回復する／「食」と「農」で起業・開業する若者が増加中／邑南町では乳幼児が増えている／「耕すシェフ」研修制度で若者をつかまえろ！／「0円起業」も実現した！　お金がなくても挑戦できる！／「仕事はほどほどに」と思っていた／読めない、知らない、興味ないの三重苦／町民の生活満足度は84・1％／行政マンの仕事は変わった

第2章　町の知名度を上げろ！　すべては「みずほスタイル」から始まった　28
邑南町の知名度を上げるには？／インターネットが普及していなかった我が町／独断でネットショップづくりを約束／実現への二つの課題／最高の和牛を育てたい／歴史ある瑞穂の酒を全国へ／泥舟も楽しく乗ったほうがいい！／甘くないスイーツ、売れるのか？／石見ポーク、垣崎醤油／すっきりして旨い！　完全自然放牧の牛乳／五五歳からの挑戦～こだわりキムチ／和菓子、そして山里のキャビア／個性的な仲間たちと一緒に困難と戦う／理事会という関門／ネットショップ「みずほスタイル」創設！／

取材・撮影から注文受付、発送まで／初めての注文が来た！／「腹黒マンタ徒然日記」／大量の注文に有頂天になる／「効率的に売上を伸ばしたい」／「みずほスタイル」が観光協会を支える仕組みへ／食べたら飲酒運転になるケーキ／特産品をブランド化するには／超一流のシェフが協力してくれた／難関は著名人への依頼／平野レミさんと出会う／夢が現実になっていくとき／生産者によかれと思ったことが／ネット事業を民営化

第3章　東京進出をめぐる葛藤と迷走　84

東京で特産品を売りたい！／幻となった一流ホテルの「石見和牛肉フェア」／打開策はあるのだろうか？／「なぜチーズフォンデュが大賞ではないの!?」／帯広を訪れる／浅井くん登場／都会の若者を呼び込もう／「邑南町のブランド化」と「町の人材育成」へ／「振興」ではなくて「信仰」なのか？／「イベントばかりやって、遊んでるじゃないか」

第4章　〈A級グルメ〉構想——最強の地産地消レストランをつくれ！　106

地産地消レストランの先駆け／『デフレの正体』と出合う／金持ちになりたいから、ここに住んでいるわけではない／「〈A級グルメ〉構想」をまとめる／役場がつくる「日本史上最高の地産地消レストラン」／店舗はどうする／いきなり二店舗で開業を決意／「耕すシェフ」研修制度を構想／行政が陥りがちな失敗パターン／オープン直後から行列ができる店に／「耕すシェフ」第一号、安達さんの奮闘／シェフのバ

ンタッチ／トマトを使わないイタリアン／僕だって立ち止まって考える

第5章　自己資金なし!?　「0円起業」のひみつ　140
「食の学校」を設立／各地の超一流シェフから直接学ぶ／起業者続出につながった「実践起業塾」／「0円起業」という快挙／出羽地域パン屋プロジェクト／目標に向かって後押しする／「0円起業」のメドがついてしまった／なぜ、いつまでもオープンできないのか／次の不安が生まれてくるのを楽しもう／みんなが応援、宣伝してくれる／口コミがいちばん信用される時代

第6章　最強の起業モデルは「人とのつながり」と「信用」　164
ビッグマウス女子（?）からの電話／犠牲になるのはいつも僕の家族／「耕すシェフ」とはズレている／決まっているのは名称と有機農業を学ぶことだけ／「自分で師匠を探して欲しい」／「農の学校」を設立／邑南町に有機農業の道を拓く／NHK『プロフェッショナル 仕事の流儀』／ミルクジャム誕生秘話／「その資金はうちが出しましょう」／最強の「邑南起業モデル」

第7章　ビレッジプライドを全国へ！　190
お金になる料理教室／路上でサッカーをするように／「地方の誇り＝ビレッジプライド」／「食の学校」では二年がかりで本もつくった／井澤由美子さんと出会う／料理を教えない料理家もいる／やるからに

は、「関わる」じゃなくて「参戦する」／町の人たちが何度も来てくれる／お金や地位とは違う価値観／人は楽しいところに行きたがる――「ビレッジプライド」を広めたい

最終章　そして僕は「こうむいん」になった　214
三学期のできごと／恐怖の入院生活／おばあちゃんは命の恩人／「こうむいん」になるとおばあちゃんが喜ぶ／東京に行きたい！／スクーバダイビングに熱中した学生時代／水中写真で「獲物」を狙う／地元・島根の美味しいものとは？／石見和牛肉の実力を知る／好きなことを仕事にするには／結局、役場を受験する／「痛いヤツ」として東京を去る／僕の「現場」は林業だった／若者のモチベーションは上がらない／「水に合わない」仕事ばかり／情熱を注いだのは山でなくて海／「木炭を活用した振興策」とは／入庁以来、最大の達成感／参加者も地元の人も楽しそう／福祉施設への異動とおばあちゃんの介護／故郷の町がなくなる!?

特別対談　寺本英仁×藻谷浩介　252

おわりに　286

第1章　過疎でジリ貧の町を変えた「食」と「農」

町の人とともに成長し、愛されるレストラン

今年（二〇一八年）四月三〇日に、町内でいちばんの観光地「香木の森公園《こうぼく》」に「里山のからだにやさしい発酵レストラン 香夢里《かむり》」がオープンした。旬の最高に美味しい野菜や年間二〇〇頭しか生産されない石見和牛肉《いわみ》、地元の発酵食を生かした郷土料理が味わえる、大きな窓の明るいレストランだ。

プロデュースを務めたのは、NHK『きょうの料理』『あさイチ』などの料理番組やたくさんの料理本で発酵食のレシピを紹介している料理家の井澤由美子《いざわゆみこ》さんだ。そう、彼女の代名詞とも言える「発酵」がこのレストランのキーワードになっている。

「香夢里」の計画がもちあがる前から、彼女は何度も邑南町《おおなんちょう》を訪れてくれていた。僕たちが暮らす町――島根県邑南町は海のない中山間地域で、昔から冬場に食材を発酵させて保存してきた。白菜や杓子菜《しゃくし》を長期間漬けて発酵させた「古漬菜」など、独特の発酵食品もいろいろある。その食文化が、「発酵」をテーマとする彼女の琴線に触れたのだ。今も彼女は、毎月一〇日近く邑南町に滞在して現場に入り、スタッフ以上に働いている。

そんな井澤さん考案の「香夢里」の人気メニューが「46品目の発酵かご盛りランチ」（一三〇〇円）である。四六もの食材が使われた郷土料理や創作料理が、邑南町の竹でつくった籠の中に並んでいる。「日々、幅広くいろんな発酵食と野菜を食べると、腸が活性化して元気になる」のだそうだ。

このレストランにはもう一つのウリがある。邑南町特産の石見和牛肉と石見ポーク、さらにその肉を最高の味わいで楽しませてくれる紺谷忠司《こんたにただし》シェフの存在だ。

二〇一六年に邑南町に移住してきた彼は、北海道の「ザ・ウィンザーホテル洞爺《とうや》」内のミシュラン星付きレストランで働き、北海道洞爺湖サミットが開催された際、参加国のファーストレディに鉄板焼きを出した経験がある。その彼が目の前のカウンターで焼いてくれる鉄板焼きのコースを目当てに来るお客さんも多い。

僕がいちばん嬉しかったのは、町の住民たちが何度もリピートしてくれることだ。昔ながらの郷土料理を楽しんでいる老夫婦、石見和牛肉のサーロインステーキを満喫する若者、石見和牛肉のハンバーグや石見ポークのトンカツを頬張る子どもたち――身近な地元の食材をベストな料理で食べている邑南町の人と、他県から何時間もかけてこの町の食を目当てに訪れ、満足する人とが混在している空間はとても素敵だ。

そして町の人のたちは今、それを誇らしく思ってくれる。町の人とともに成長し、愛されるレストランがとうとう実現したと、僕は胸が一杯になった。

「ａｊｉｋｕｒａ」の成功

「香夢里」は町が手がけた本格的なレストランとして、実は二軒目になる。

邑南町は「〈A級グルメ〉のまちおこし」を掲げている（〈A級グルメ〉については、後から詳しく説明する）。「本当に美味しいものは地方にある。本当に美味しいものを知っているのは地方の人である」という考えに基づいて、「ここに来なくては食べられないもの」を提供するレストランをオープンさせてきた。

一般的に「町や自治体が関わるレストランなんてセンスも悪いし上手くいかない。赤字垂れ流しなんじゃないの？」というイメージをもたれやすいし、現実にそういう例も多い。だが、二〇一一（平成二三）年五月に町主導でオープンした地産地消の高級イタリアン「素材香房ａｊｉｋｕｒａ」は、遠方からやって来る人も多い人気のレストランになり、また料理人の人材育成をする場としても評判になった。テレビや雑誌でも何度も取り上げられたから、ご存じの方もいるかもしれない。

邑南町には、一流レストランに必要な食材がたくさんある。たとえば石見和牛肉、石見ポーク、フレッシュキャビア、完全自然放牧の牛乳、新鮮で味の濃い野菜、天然のイノシシや鹿などなど。豊かな自然と、その環境を活かそうと研鑽を続けてきた生産者によって育まれた〝宝物〟のような食材だ。

「素材香房ａｊｉｋｕｒａ」は、そんな食材を一流のシェフが調理し、歴史ある酒蔵を移築・改装した店舗で提供して、立地がよいとはとてもいえないこの山間部に、県外からも多くの人を呼び寄せたのだ。「軌道に乗ったところでプロに任せる」という方針の下、この店は二〇一五（平成二七）年に民営化して、今は「里山イタリアン　ＡＪＩＫＵＲＡ」となっている。ここ邑南町の本店ほか、広島三越をはじめ広島市内で三店舗を運営するまでになり、中四国地方のイタリアン業界では確固たる地位を築いている。

この町に住む「誇り」を回復する

「ａｊｉｋｕｒａ」のオープン当初、僕は石見和牛肉や石見ポーク、キャビアといった珍しい高級食材に注目が集まると思っていた。ところが意外にも、お客さんは口々に「野菜が美味しい」と感心してくれた。新鮮なサラダが評判を呼んだのである。

長く住んでいるがゆえに、当たり前になっていて気がつかないことはたくさんある。「ａｊｉｋｕｒａ」がもたらした大きな成果の一つに、「邑南町ってけっこうすごい！」と町民自身が感じられるようになったことが挙げられるだろう。

事実、野菜農家を「ａｊｉｋｕｒａ」に招いて、自分たちが育てた野菜を使った料理を食べてもらうと、生産者たちに自信と誇りが湧いてきた。今までは収穫して箱に詰めたら、それは他県に配送されていくのが当然だったのだ。どう調理されているか、お客さんがどんな反応しているかを知ると、生産者の意識も高くなる。丹精こめた野菜を直接レストランに収めているので、なおさらなのだ。

つい最近まで、「ここは田舎だから何もない」と思っていた人もこの町には少なからずいた。過去数十年、高度経済成長に取り残され、さびれる一方だったから、知らず知らずのうちにそう思い込んでいたのも仕方がないのかもしれない。

僕自身、「田舎は都会へ食材と人材を供給するだけの場所なのか。都会で認められないと価値がないのか」と思い悩んだこともあった。

だが、それは違う。本当に美味しいものを知っていて、鮮度のよいものを食べているのは地方に住んでいる僕たちだ。住民同士が声をかけ合い、助け合うコミュニティも健在だ。それがどれだけ豊かなことなのか、いつの間にか忘れていたのだろう。

遠方からわざわざやってきて、地元産の野菜や肉の美味しさに驚嘆する人たちが、この地域に住んでいる人に、誇りが回復するきっかけを与えてくれたのだ。これは「ａｊｉｋｕｒａ」の大きな功績だと思っている。

ただ高級イタリアンだけに、地元の人が気軽には立ち寄りにくかったのも事実。僕はみんなにもっともっと地元のことを好きになってもらいたい、地域の誇りをもって暮らして欲しい――ずっとそう思っていたから、町の人がリピーターになってくれる店をつくりたかった。それが実現したのが「香夢里」だった。

「食」と「農」で起業・開業する若者が増加中

邑南町にあるのは町が手がけたレストランだけではない。

ここ数年で、全国各地から移住してきた若い人たちによる蕎麦《そ ば》屋、カフェ、野菜バイキング、ベーカリーなどが次々に起業・開業して、〈A級グルメ〉構想による店舗が町内に一〇店舗になった。移住者に限らず、地元の住民による起業・開業も増えている。

これも、僕がものすごく嬉しくて、あちこちに自慢したくなっていることだ。

どの店も観光客だけでなく、地元の人にも愛されることで繁盛している。移住してきて農業を始めた人も六人ほどいる。新規に就農した人を中心に無農薬・無化学肥料で栽培する農家が増えている。今まで誰も栽培していなかったハーブに挑戦する人も出てきた。

「A級グルメ」とは、この地域で生産される良質な農林産物による「ここでしか味わえない食や体験」を意味している。美味しい農産物が育つ町の特性を活かして、「食」と「農」を切り口に、農家も商工業者も連携していく取り組みで、優れた食材や関係者や住民の誇りも込めたネーミングだ。

今、「食」や「農」に関連する起業・開業、就業が増えてきているのは、この〈A級グルメ〉構想により、二〇一一（平成二三）年から進めてきたさまざまな施策や事業の成果が現れ始めたためだ。そうすると何が起こるのか――。もちろん町が元気になる。子どもたちの声が響き、大人の笑顔も増える。

これを地域経済の数字として見ると、状況が好転する理由がよくわかる。

邑南町の住民（約一万人）が、町内で一年間に一万円、前年より多くお金を使ったとすると、一億円のお金が域外に出なくなる。仮に、一人あたりの年収を三〇〇万円とすると、一億÷三〇〇万で三三人の仕事が生まれる計算になる。

つまり、地域内で経済が循環することになる。「田舎には仕事がない」と言われるけれども、みんなが少しずつ地元でお金を使う機会が増えれば、仕事も増えるのだ。結果として、子育て世代が移住してくる可能性も高くなる。

ちょっと役人ぽい言い方をすると「地域型循環経済の確立」ということだが、要するに「地域の人たちが地元の産品や店を愛して、地元でお金を使ってくれると、想像以上にみんなが幸せになれる」のである。

邑南町では乳幼児が増えている

ここで邑南町を簡単に紹介しておこう。邑南町は島根県中南部、標高一〇〇～六〇〇mに位置する中山間地域、いわゆる〝山里〟である。広島県と接しており、高速道路を使うと広島駅や広島空港まで一時間半〜二時間くらいで行ける。

二〇〇四（平成一六）年一〇月、いわゆる「平成の大合併」で、羽須美《はすみ》村・瑞穂《みずほ》町・石見《いわみ》町の三町村が合併して発足した。合併時の人口は約一万三〇〇〇人だったが、現在は約一万一〇〇〇人、高齢化率はじわじわ上がって43％超という、よくある「過疎化の進むジリ貧の町」だった。

「だった」というのは、今、邑南町では人口減少の右肩下がりが緩やかになり、子どもが増えているからだ。特殊合計出生率は2・46（二〇一五年。五年間の平均でも2を超えている）、三年連続社会増（転入と転出の差によって生じる人口の増加のこと）という実績になって表れている。前述したように、若い人たちがUターン、Iターンしてきて、少しずつではあるけれども、子どもたちが増えてきているのだ。

数字で見るとUターン、Iターンしてきた人は、二〇一五年度でちょうど一〇〇名。島根県内の町村では突出して多い。そのうち二〇代〜三〇代の女性は二六名いる。田舎は老人ばかりで、若い人（とくに女性）などいないだろう、と思われがちだが、邑南町は事情がまったく違う。

子育て世代にあたる三〇代女性のコーホート変化率（ある期間に生まれた集団の将来人口を推計する方法）を、少し細かく町内の一二の地区別で見ると、二〇一一年から二〇一六年の間に八地区で増加しているのだ。維持が一地区、減少は三地区だが、減少数は五人以下と小さい。

これは少子化・高齢化が進む日本の中で、驚くべきことなのだ。何がすごいのか、一見、人口が多くて繁栄しているような都会と比較してみるとよくわかる。

一極集中で人口が増え、一人勝ちのように思われている首都圏では、二〇一三～二〇一七年で総人口は2%増えた。しかし、年齢別に見ると〇～四歳人口も、五～六四歳人口もどちらも1%減っている。増えているのは六五歳以上の人口で12%増、そのうち七五歳以上に限れば17%増なのである。

つまり首都圏でどんどん増えているのは、退職世代にあたる高齢者だった。若い世代の実数こそ多いけれども、出生率が低すぎて子どもの数は減少している。保育所の不足や地域コミュニティがないことなど子育ての環境は厳しく、出生率は減りこそすれ上がらないという悪循環が続いている。

一方、邑南町は同じ期間に総人口は5%減ったが、〇～四歳人口が3%増えた。五～六四歳人口は9%減だが、六五歳以上は増減なし、そのうち七五歳以上は7%減だった。

この少子化の時代に、邑南町では乳幼児が増えている。これは三〇代の夫婦のUターン、Iターンが増えているからだ。もちろん安泰とまではいかないけれども、希望の光が見えてきた。それを数字が示しているのである。

「耕すシェフ」研修制度で若者をつかまえろ！

そうは言っても、Iターンの若者なんて、またすぐにどこかに行っちゃうんじゃないの？　という読者の声が聞こえてきそうだが、もちろんその辺もちゃんと考えている。邑南町では二本柱の定住プロジェクトを進めているのだ。

〈A級グルメ〉構想はその二本柱の一つ。この地域で生産される良質な農林産物を活かし、「食」と「農」に関わる人材を育て、移住者も観光客も呼び込む。起業・開業につなげて地域経済を活性化しようという、いわば攻めの戦略だ。

もう一つが「日本一の子育て村構想」と「徹底した移住者ケア」だ。中学校卒業まで医療費無料、第二子からの保育料は完全無料という施策を中心に、「地域で子育て」をする町を目指している。こちらは守りの戦略である。

当然のことながら、どちらも最初から計画がスイスイとできあがったわけでもないし、実施して想定通りに進んだわけではない。いろいろな人の声を聞き、試行錯誤しながら事業を進めてきたのだ。

邑南町に若者たちが全国からやってくるようになった原動力が、二〇一一（平成二三）年一〇月からスタートした「耕すシェフ」という農業と料理人の育成制度だ。

これは「食」や「農」に関心のある都市部に住んでいる人に、将来、その道のプロになるための支援をし、邑南町での起業を目指してもらうもの。お金は取らない。逆に、最長三年間の研修期間中は、月額一六万七〇〇〇円の研修費が出る。先述した「ａｊｉｋｕｒａ」は、この「耕すシェフ」が現場で研修する場でもあった（「ａｊｉｋｕｒａ」が民営化したため、現在は「香夢里」がその役割を果たしている）。

ただ、「耕すシェフ」の制度だけでは、研修後の起業や定住になかなか結びつかず、さまざまな仕組みが必要だった。

そこで、二〇一四（平成二六）年に開設したのが「食の学校」である。現場の研修だけでは、三年間で開業に必要なプロの技術を身につけるのは難しかったためだ。そこで、料理人の世界にありがちな徒弟制を廃して、高度な調理技術を実践的に学ぶプロフェッショナルコースを準備した。目玉は、日本各地からトップクラスのシェフを招聘した特別講座である。

また「食の学校」には、町の人みんなが邑南町の豊かな食材を活用して学ぶ仕組みもつくった。だから、子どもたちが校長先生（世界料理オリンピックでの日本人初の金メダリストである！）から地元食材を使いながら教わる「キッズシェフコース」もあるし、町の人が自主的に学ぶ郷土料理の研究会や米粉の研究会もできた。

ここで学んで、「道の駅」などで地元食材を使った惣菜や加工食品などを販売するようになった町の人も多く、今、町はとても面白いことになっている。

「0円起業」も実現した！　お金がなくても挑戦できる！

起業者の増加には、「食の学校」のほかにも秘密がある。

邑南町では地元の銀行・商工会・行政がタイアップして、起業希望者のための「実践起業塾」を開催している。これは年間を通じた講座で、金融機関や商工会の経営指導員のアドバイスを直接受けながら、事業計画を立てるというもの。

最終的には事業計画をプレゼンして認められれば、無担保、無保証、借入限度一〇〇〇万円で金利2％以内という好条件で金融機関から融資が受けられるのだ。

この仕組みを、「食の学校」のプロフェッショナルコースとともに二〇一五（平成二七）年からスタートさせたところ、一気に「耕すシェフ」たちの起業が進んだ。「実践起業塾」を開始して三年で、実際に事業計画が認められて融資に漕ぎつけた案件が三件も出てきたのである。

さらに自己資金なしでも起業するケースまで出てきた。

これは、地域の人たちが資金を出し合ってつくった合同会社が店舗物件を用意して、「耕すシェフ」を研修の一環として迎え入れるスキームだ。要するに〝雇われ店主〟なのだが、自分の思うように腕を振るえる店がもてることには変わりない。

研修期間が終わった後は、売上の中から家賃を払うことになるので、頑張って軌道に乗せておく必要があるのは言うまでもないことだが。

この「0円起業」で洒落たベーカリーを出店した実例を、後の章で詳しく述べよう。

また別の地域では、「耕すシェフ」の一人が「食の学校」で蕎麦を学んでいることを知ると、研修後も彼を邑南町に残すために、みんなでお金を出し合って市木《いちぎ》地域にある空き店舗を改修して、蕎麦店を出せるようにした。

それだけではない。彼が店で特徴のある蕎麦を打てるようにと、休耕田《きゅうこうでん》で蕎麦を栽培してくれるようになった。これまで邑南町では蕎麦をつくっている人はほとんどいなかった。これは彼が三年間この地域で暮らして、なくてはならない人材になっていたからにほかならない。

僕は最近、「耕すシェフ」たちに「起業するためにはお金も大事だけど、もっと大事なことは、任期の三年間で地域の中で信用を築くこと」と、力説をしている。

地域の中での信用こそ、最強の「邑南起業モデル」なのである。

邑南町の住人は、困った人間を誰一人放っておかない。これは自慢できる。都会ではほとんど存在しなくなった人と人のつながり、いわゆるコミュニティを大切にして暮らしている。

僕はこの町に生まれ、仕事をして、生きていくことをあらためて誇りに思っている。

「仕事はほどほどに」と思っていた

自己紹介が遅くなってしまったが、僕は役場の職員として、二〇〇四年に邑南町が発足して以来、ずっとこの町の活性化に取り組んできた。〈A級グルメ〉構想も僕が担当して試行錯誤しながら軌道に乗せてきたので、恥ずかしながら周囲からは「スーパー公務員」とちゃかす人も出てきたけれども、公務員になって一〇年ばかりは、自分でも「困ったちゃんの公務員」だったと思う。

東京農業大学を卒業し、地元に帰ろうと決意し、新卒で役場に入ったのは、合併前の石見町だ。これは、幼いころから「公務員になりんさい」「公務員になれば安泰だよ」と言い続けてきたおばあちゃんの影響が大きい。僕はおばあちゃん子だった。しかし学生時代から熱心に打ち込んだのはスクーバダイビングで、実はプロの水中カメラマンに憧れていたのである。

だから当初はあまり熱心な公務員でなかったことは、告白しておかなくてはいけない。「仕事は叱られない程度にこなせばいい」と思っていて、年中、海に潜っていた。

ところが二〇〇四（平成一六）年一〇月一日、羽須美村、瑞穂町、石見町の三町村が合併して邑南町が誕生した。絶対になくならないと信じて入庁した、僕の生まれた町、石見町は消滅してしまったのだ。

合併の半年前、合併事務局へと異動になった。旧・石見町役場では農林課に五年、その後は福祉関連の職場に五年間という経歴の僕は、合併に伴う膨大な事務仕事に戸惑うばかりだったのだが、初めて知って驚くことがたくさんあった。

いちばん衝撃的だったのが、合併三〇年後の人口予測である。相当な勢いで人口が減少し、消滅の可能性もある集落も出てくるのだ。中でも僕の住んでいる日和《ひわ》地域は、最も人口減少の激しい地域の一つだった。現に合併前の段階で保育園が廃園になっていた。なんとなく「過疎が進んでいくんだろうなぁ」とは思っていたが、数字を見て震撼した。

それを知るまで僕は「役場の職員はどうなるのだろう」と、目先の自分の仕事を心配していたのだが、それどころではなかった。このままいけば高齢化が進んで、「この町に住む人がいなくなる」「この町そのものが消えてしまうのか」と、恐怖を覚えたのだ。

長男が誕生したのが、ちょうどそのころだ。この子が成人するまで、新しく発足する町は健全でいられるのか。そうであるために何ができるのか。今までになく真剣に考えるようになったが、どうすればいいのか僕には何も浮かばなかった。

そんな折、地元に住み、ずっと地元で働いている同級生と食事をする機会があり、ジメジメした話が嫌いな僕なのに、「合併事務局に異動して仕事が大変だ」とか「このままいけば町は消えてしまう」とか、ついいろいろと愚痴をこぼしてしまった。

同級生は、ちょっとムッとした口調で言った。

「役場って町の仕事しよるんだろ。お前が頑張れば町は少しはよくなるんじゃないんか？英仁を見とると、休みの日には海に出かけて、仕事はほどほどって感じだろうが。もっと俺たちのために働けって言いたいよ！」

悔しかったけれど、何も言い返すことができなかった。図星だったからだ。「仕事はほどほどに無難にやっていればいい」と思っていて、役場の仕事より本気で取り組んでいたのがスクーバダイビングだったことは、周囲の目にも明らかだったのだ。

しかし、生まれたばかりの長男が大人になるころ、この町はどうなっているのだろうと考えるようになって、「仕事はほどほど」の生き方は、何かが違うと感じ始めていた。

読めない、知らない、興味ないの三重苦

邑南町が発足したとき、僕は瑞穂支所（合併前の瑞穂町にある）の観光係になった。観光といっても邑南町には、人が押し寄せて来そうな観光地なんて、ない。いったい何をするんだろうと思っていた。

僕の上司は、係長の三上直樹《みかみなおき》さん（現・定住促進課課長）。そしてこの三上さんが、僕の人生を変えることになる。このときの異動から、いわゆる「町おこし」に携わるようになったのだ。ここで与えられたミッションが、邑南町を全国に発信していくことだった。要

するに、邑南町の存在を多くの人に知ってもらおうというのである。

この指示が出た理由は二つある。

一つは、合併して邑南町という町名になったものの、知名度が非常に低かったことだ。『日本経済新聞』の記事で、合併に伴う難読町村名として西の大関に挙げられたほど。誰も読めない、知らない、興味ないの三重苦から抜け出さなくてはいけない。

もう一つの理由は、合併前の邑智郡《おおちぐん》の町村（羽須美村、瑞穂町、石見町、川本町《かわもと》、大和村《だいわ》、邑智町《おおち》、桜江町《さくらえ》）は共同で、広島市内に情報発信を目的としたアンテナショップを出していたのだが、この合併を機に閉鎖になることが決定していたからだ。


邑南町のことを知っていれば、邑南町産のお米を見て「あの水のきれいな町でつくったお米なんだね」などとイメージが湧くかもしれない。だが、知らなければ消費者の目に入るのは値段だけ。知られていなければ存在しないとの一緒なのだ。

三上係長の指示をきっかけに、僕は邑南町の特産品を全国に販売するネットショップをつくろうと思いつき、二〇〇五年（平成一七年）七月、オープンに漕ぎつけた。全国でも珍しい自治体が運営するネットショップである。当初は苦戦したものの、認知度を上げて売上を伸ばすための工夫を重ねると、二年九か月ほどで売上は七倍に伸びた。

なんとか町を持続させたいという一心で走り回ったこのときの体験が、やがて〈A級グルメ〉構想へとつながっていくのである。その一部始終をこの本で述べていこうと思う。

町民の生活満足度は84・1％

余談だが島根県は「過疎発祥の地」と言われる。まったく嬉しくない発祥だ。一九六六（昭和四一）年、地方から都会へと人が移動した高度成長期に、国の経済審議会がまとめた『二〇年後の地域経済ビジョン』で、島根県匹見《ひきみ》町（現・益田《ますだ》市）が「過疎」の例として取り上げられたからだ。

今、日本の大きな課題として「少子化」「人口減少」があり、それに伴う高齢化の急速な進行によって、経済活動から医療・福祉の制度まで、社会の根幹から揺らいでいることはみなさんもよくご存じだと思う。

そう、「過疎発祥の地」、つまり島根県は全国に先駆けて五〇年前から過疎対策に取り組んでいるトップランナーである。その中にあって邑南町の町民は、将来への希望を感じられるようになってきている。二〇一三年（平成二五年）度の町民を対象にしたアンケートでは、生活満足度84・1％だった。全国平均が64・1％（二〇一二年内閣府調べ）だったからかなり高い。子育て支援ほか生活環境の充実に加えて、将来に明るさを見出しているからこそ、満足度も高くなっているのだと考えている。

二〇一二年（平成二四年）の秋、邑南町の「日本一の子育て村」と「〈A級グルメ〉の取り組み」が総務大臣表彰を受賞した。これを皮切りに、「〈A級グルメ〉構想の取り組み」が日本経営協会のグランプリ、「『耕すシェフ』の取り組み」が、起業家を支援するETICの主催する「地域仕事づくりチャレンジ大賞」準大賞を受賞するなど、受賞ラッシュが続いた。全国の自治体からも注目され、二〇一七年（平成二九年）の全国自治体・視察ランキング（「新・公民連携最前線」による）で八位にランクインしている。邑南町の取り組みは一定の評価を得ているのだと思う。

行政マンの仕事は変わった

しかし、問題が解決したわけではない。邑南町は少しずつ若返りをしていると喜んでいてはいけない。はっきりと言っておきたいのは、少子化・高齢化で国の財政は確実に厳しくなり、従来の補助金行政は成立しなくなる、ということだ。

従来、地域振興に携る僕たち行政マンの仕事は、国から公共事業など多くの補助金を自分の町に導くことだったが、今後、そのやり方は通用しなくなる。国にお金が集まらなくなっているのだから。これからは、地域内のお金を循環させ、少しずつではあっても拡大させていく地域循環システムを構築していくことが重要になる——僕はそう考えている。

邑南町が息を吹き返した〈A級グルメ〉構想もその一環だ。

次章からは、一連の施策や事業について、僕の体験記として書いていこうと思う。成功事例を教科書のようにまとめても、それぞれの町や村で特長や条件が違うので、あまり意味がないと思うからだ。

計画したらとにかく動いてみる。失敗したり、上手く行かなかったりすることがあれば、すぐに修正してまたチャレンジする。「あちゃー」と思ったことは多く、そのたびに、生産者や当事者に話を聞きながら修正してきた。それが僕のやってきたこと、得意とするやり方である。新しい施策や次の事業計画はそんな中で見えてくる。

「すべては試行錯誤」「そこにたどり着くまでの紆余曲折」の中に、「町おこし」「町づくり」のヒントを読み取っていただければと思う。

目指しているのは、まず「食」を通じた地域経済の循環する町づくりだ。そして「この地域が好きで、誇りをもって暮らせる町」にしていくことである。

これを僕は「ビレッジプライド」と名づけて、邑南町にとどまらず、全国に広げていきたいと考えている。

第2章　町の知名度を上げろ！
すべては「みずほスタイル」から始まった

邑南町の知名度を上げるには？

前章でも述べたように、二〇〇四年（平成一六年）一〇月、三町村が合併した邑南《おおなん》町で、僕は瑞穂支所の観光係になり、上司の三上係長と観光業務を行うことになった。主な業務は、瑞穂地域にある観光施設の管理と、瑞穂地域の観光協会の事務局である。

ややこしいのだが、新しく邑南町になっても観光協会は合併前のままで一本化していない。合併前の羽須美《はすみ》村、瑞穂《みずほ》町、石見《いわみ》町のそれぞれに観光協会があって、いずれも役場の職員が事務局をすることになっていた。

ただ、旧瑞穂町の観光協会には、ほかの二つの観光協会とは違う大きな特長があった。「道の駅」を直営していたため、合併当時で売上が年間七〇〇〇万円、繰越金が三〇〇〇万円あったのだ。

異動してまもなく、三上係長から「この資金を活用して、邑南町全体の情報発信ができないか」という指示が出たことも先に述べた通りである。

「邑南町」を何と読むのか、どこにあるのか、島根県民でも知らないような知名度の低さをなんとかしないといけない。知られていなければ、存在しないとの同じだからだ。合併前に島根県邑智郡の町村が共同で出していた広島市内のアンテナショップが閉鎖になることも決まっていたから、邑南町と、この町の産品をなんとかして世の中に広めていくことが急務だったのだ。

問題は「何を、どうやって発信していくのか」である。

真っ先に僕は、特産品の石見和牛肉のことを思い出した。東京農業大学の学生時代、ゼミの懇親会で各地の名産品をもち寄ったとき、ものすごく評判がよかったからだ。自分の故郷の名産を、他県の人たちから「旨い」と言われることがこんなに嬉しいことだったとは、そのときに初めて知った。

東京では買えない（そもそも誰も知らないのだが）あの牛肉なら、都会に多くのファンができるのではないだろうか。町内で買い支えているだけなら、少子高齢化が激しい邑南町では年を追って買う人は減ってしまう。地域経済は衰退の一途をたどるのは明らかだ。

そんなことを考えると、石見和牛肉を町内で売るのではなく、全国に販売できる方法を編み出したいと思った。

インターネットが普及していなかった我が町

スクーバダイビングのため、学生時代から毎年のように通っていた沖縄で、僕が宿泊する民宿のお母さんは、いつもインターネットで天気予報を見たり買い物をしたりしていた。

今でこそネット検索やネットショップは当たり前で、インターネットの存在など空気のようなものだが、二〇〇四年の段階で全国的にはそれほど普及していたとは言えない。当時のデータによると、全国の世帯普及率（自宅にインターネット利用者がいる世帯の比率）は、ようやく50％を超えたところだった。「iモード」などで携帯電話から接続することはできたけれども、スマホがなかった当時、ネットで検索したり、買い物したりなんてことは一般的ではなかったのだ。

インターネット自体、邑南町で暮らしていた実感では、家庭にほとんど普及していなかった。沖縄の離島は生活の不便さを克服するために早くからＩＴを活用したというのに、中山間地域の邑南町では江戸時代からあまり変わっていないんじゃないかとさえ思えた。

だが、インターネットを上手く活用することで、今まで誰も知らなかった邑南町の観光地や、石見和牛肉ほかさまざまな食材を全国の人に知ってもらうことができるはずだ。来てもらったり、買ってもらったりできるのではないか――そう直感した僕は、邑南町の観光と食を情報発信して、買い物もできるサイトをつくってみようと考えた。

当時、すでに「楽天市場」や「アマゾン」はあったけれども、今のように誰もが知っているような存在ではなかった。まして自治体が地元の産品を販売しているようなインターネットサイトなど、全国どこを探してもなかったと思う。

独断でネットショップづくりを約束

なんとかできないものか、と頭を捻っていたころに出会ったのが砂田秀人《すなだひでと》くんだ。今も〈A級グルメ〉の情報発信の仕事を一緒にしている、キーマンの一人である。

彼と出会ったきっかけは、自分で撮影した水中写真のホームページを作成したくてパソコン教室に通ったことだった。僕が教室に通えるのは仕事が終了してからなので、午後七時以降から教えてくれるところに限られる。都会ならともかく、邑南町の近くでそんな教室はなかなか見つからなかった。

電話帳で片っ端からパソコン教室に問い合わせて、ほとんどの教室に断られる中で唯一、了承してくれたのが、隣の江津《ごうつ》市のパソコン教室だった。

初めて教室に行ったときは驚いた。講師の先生は僕より少し年上の男性だろうと勝手に想像していたら、二〇代のかわいらしい女性だったのである！

毎週一度、僕は車を一時間走らせてパソコン教室に通った。ホームページの作成ソフトや、写真を加工・編集するソフトの使い方などを、かわいい先生から教わるのだ。そのときに、いつも後ろでメガネをギラつかせている男性が砂田くんだった。

険しい視線をいつも背中に感じていた僕は、彼に対する印象が恐ろしく悪かった。「先生に好意をもっていて、僕を警戒していつも見張っているモテない男」だと確信していたのである。

後から話してわかったことだが、その若くてかわいい先生は砂田くんの奥さんだった。さらに彼は、まだ二〇代ながらパソコン教室を開いている会社の専務だった。夜分にパソコンを習いに来る僕が逆に怪しくて見張っていたらしい。二人はすでに結婚しており「モテない男」とは真逆の「羨むべき男」だったのだから、どちらもひどい勘違いだったのだが。

あるとき、ふと僕が「邑南町の特産品をインターネットで販売してみたい」と言ったことがきっかけで、砂田夫妻とネットショップの話をするようになった。彼らも今後はネットショップがどんどん拡大していくだろうと考えていた。パソコンはみんなが簡単に扱えるようになるので、仕事の比重を変えようとしていたことがわかり、何度か話をしているうち、意見は次第に一致していった。

実際に店舗をもたなくても、ネット上では世界中の人の目にとまる可能性があり、誰の元へも送ることができる。つまり、邑南町という山里の中にしか顧客のいない今の状態から抜け出せるかもしれない。広島からアンテナショップがなくなっても、情報発信ができる。

ネットショップに無限の可能性を感じた僕は、意気込んで砂田くんに頼んだ。

「瑞穂支部観光協会で特産品の販売サイトをつくるから、ぜひ手伝って欲しい！」

もっとも、当時の僕にはまったく決裁権などない。砂田くんに頼んだのも完全に独断である。その場限りの「勢いで言ってしまった話」で終わるケースと考えられなくもなかったが、彼らからネットショップの現状や可能性について聞くたび、僕の中で夢と希望が膨らんでいった。「やってみたい！」という気持ちが熱をもち、どんどん大きくなっていったのだ。

しかし、これを役場内で稟議を通すのは至難の業だとも感じていた。砂田くんに約束はしたものの、本当に実現できるかどうか不安だらけだった。

実現への二つの課題

「少子高齢化が進む中で地域の事業者は、今まで通りに町内の人を対象に商売を続けていたら、もうもたないと思います。全国に向けて町の特産品を売るシステムが必要になってきます。そのためには、インターネットショップが必要なんです！　ただ町の事業者は、その重要性には気づいていません。しかし、僕は気づいてしまったんです！　観光協会の新しい事業として、ネットショップをやらせてもらうことはできませんか!?」

役場内でも屈指の理論派と知られていた三上係長に、僕は考えていることをぜんぶ言った。説得力のある資料をつくろうとしたのが、何度、書き直しても上手くいかない。二週間以上、資料づくりに難渋した末、諦めて勢いと本音でぶつかったのだ。

係長の返答は意外なものだった。

「やってみればいいじゃないか。民間ではできない、しかし公的に必要性があることなら、行政がやる価値は十分にある。寺本が『町内の経済が成り立たないから、邑南町として外貨を獲得するシステムを構築する』と言うのなら、俺は応援するぞ」

そして、このネット事業を進めていく上で、三上係長から二つの宿題を与えられた。

一つ目は、邑南町の特産品をつくっている生産者をすべて回って意見を聞くこと、そしてその生産者、全員がこのネット事業に参画すること。

二つ目は観光協会の予算を使うのであれば、観光協会の役員、会員にすべて説明してネット事業を納得してもらい、事業内容と予算額を理事会と総会で承認を受けること。

けっこう厳しい内容だと思った。実際、僕はこの二つをクリアするために、半年以上要している。ただ、条件つきでもそれをクリアすれば、自分のやりたい事業が実現できるのである。頑張るしかない。

最高の和牛を育てたい

邑南町で特産品をつくっている生産者を回るといっても、どこに行けばいいのだろう。

役場職員になってから一〇年以上経過しているのに、石見和牛肉のほかになかなか思いつかなかった。その石見和牛肉にしても、僕は大学時代のゼミの懇親会で強烈なインパクトを受けたから知っていただけだ（最終章参照）。町内でブランド牛肉というと、石見和牛肉としまね和牛の二つがあるのだが、両者の違いは僕自身あやふやだった。

ともあれ、石見和牛肉の生産者から話を聞くことにして、ＪＡの肥育センターの担当者を訪ねると、僕の知らなかったことばかりだった。

石見和牛肉と呼べるのは黒毛和種の雌だけであり、当時は年間二〇〇頭しか出荷されていなかった。黒毛和種の雄も肥育センターで飼育されていて、こちらはしまね和牛になる。えっ!? メスとオスの違いだったの？ 目を丸くした。生産者の立場では、石見和牛肉を名乗ることができる雌が必ずしもよいとも限らず、しまね和牛となる雄の方が、体も大きく肉の量も多くとれるので歓迎されている、ということもこのとき初めて知った。ただ、ネットショップではやはり希少性のある石見和牛肉をメインに売りたい。そのことをお願いすると、ＪＡの担当者は心よく協力を約束してくれた。

肥育センターでは六人の従業員が働いていた。現場責任者の静《しず》間《ま》啓一《けいいち》くんという青年が熱く僕に語りかけた。

「石見和牛肉を全国に広めたいんです。最高の和牛を育てたい！」

彼の言葉を聞いていると、町の高齢化を嘆いている暇なんかないぞ、と意欲が湧いた。

歴史ある瑞穂の酒を全国へ

次に向かったのは瑞穂地域の玉櫻《たまざくら》酒造だ。米と水の美味しいこの町には、当然素晴らしい日本酒文化がある。創業は一八九二年（明治二五年）というから、この山里で一二〇年を超えて続く酒蔵である。蔵の敷地内には井戸があり、ここから汲んだ水を仕込み水に使うというこだわりようだ。社長の奥さんである櫻尾玲子《さくらおれいこ》さんに会うのはこのときが初めてだったのだが、訪問する前から僕の印象は最悪だったらしい。

というのも、毎年一月に広島市内で開催される「島根ふるさとフェア」というイベントに参加と商品提供のお願いする資料を、僕は一度も出向いたことのない玉櫻酒造に、役場からＦＡＸで送ったのみならず、書類の上に手書きで提出期限だけ書いて送ったのだ。

玉櫻酒造へ訪問のアポを取るため電話をしたとき、いきなり玲子さんから言われた。

「今まで瑞穂町の職員さんは、丁寧に出向いてきて説明されたのにＦＡＸ一枚なんて。『合併して石見から来た人は、なんて非常識なんだ！』と社内で話題にしていたんだよ」

うわぁ。自分がやりたいネットショップのことになると出向いて話すのに、興味をもてないイベントはＦＡＸで送りつけただけ。まったくゲンキンな性格の僕らしい。だが、顔も知らない相手から突然ＦＡＸが送られてきて、期限つきで回答を求められたら、誰だって不快になる。

「本当にごめんなさい！」と電話越しに謝った。

なんとか訪問する約束を取りつけ、実際に会いに行ったとき、誠心誠意、玲子さんに謝った。そして間髪入れずに続けた。

「玉櫻酒造のお酒を、観光協会でつくる予定のインターネットサイトを使って、全世界に売ってみませんか！」

その瞬間、今まで険しかった玲子さんの顔が緩んだ。

「寺本さんて、ほんと人の話を聞かない人だねー」

と呆れながらも、笑顔で教えてくれた。

「ネットショップのサイトは、うちの息子が今年、広島から帰ってちょうど始めたところなんだよー」

邑南町では僕がいちばん最初に考え出したアイデアだと思っていたので、ものすごく悔しかった。その表情は、すぐ玲子さんに読み取られたようで、またまた大笑いされてしまった。玲子さんは笑い続けながら、息子の尚平《しょうへい》くんを酒蔵から呼んできてくれた。

当時、島根県には三〇軒の酒蔵があり、杜氏《とうじ》は出雲《いずも》杜氏、石見《いわみ》杜氏に二分されていた。念のため説明しておくと、杜氏とは酒蔵における酒造りの最高責任者のことだ。晩秋から早春にかけて酒を仕込む際、一切を指揮するのである。その出身地によって技法が微妙に違うので、地域名が冠せられている。

玉櫻酒造は但馬《たじま》杜氏が来て酒造りをしていたのだが、五代目に当たる尚平くんは、実家の酒蔵を継ぐためにUターンし、この杜氏の元で自ら酒造りを行う蔵元杜氏を目指していた。彼は広島大学理学部を卒業後、東広島市（全国的に有名な酒どころ・西条を抱える）にある酒類総合研究所で、一年間みっちり勉強して帰ってきたところだった。

泥舟も楽しく乗ったほうがいい！

なぜ自社製品のネット販売を始めたのか、櫻尾尚平くんに尋ねてみた。

「町内で日本酒離れがずいぶん進んで、今後は邑南町だけで商売してもダメなのは明らかですよ。外で酒を売っていきたい。打って出るんです！」

邑南町は合併前の三町村にそれぞれ酒蔵がある。羽須美村は池月《いけづき》、瑞穂町は玉櫻、石見町は加茂福《かもふく》である。合併後は一つの町内に三つの酒蔵が存在することになり、これは全国的にみても珍しいので、町としてもウリにしていきたいと思っていた。

だが彼は、すでに地元の人が日本酒離れをしているから外に打って出るのだと言う。取り組みの早さを自負していた観光協会のネットショップだが、これから参入して大丈夫なのだろうか。参加を呼びかけようとする僕の方が、不安を感じてしまった。

その気持ちがまたもや顔に出ていたらしい。尚平くんがこう言った。

「寺本さん、僕たちは邑南町という泥舟に乗っているんですよ。でも、ただ舟に乗っているだけで、黙って沈むのを待つよりも、舟の中に入ってくる水を懸命に掻き出していた方が、楽しいじゃないですか！　粘っていたら、何かいいことがあるかもしれないし！」

僕はこの言葉にいたく感動した。

自分一人があれこれやっても仕方がないかもしれないけど、やらないよりやった方がましだ。思いついてできることを行動に移してみようという想いは、僕もまったく同じだったからだ。

改めてネットショップへも参画をお願いすると、尚平くんはにっこりしながら言った。

「寺本さん、販路はいくつあっても大丈夫です。リアルな世界だって、一店舗しかお付き合いしない酒造メーカーなんてないでしょ」

甘くないスイーツ、売れるのか？

続いてラインナップに加えようと思ったのはスイーツである。

つくっていたのは、瑞穂地域でスイーツ工房「アンダンテ」を開いている川久保陽子《かわくぼようこ》さんだ。彼女は何度も三上係長の元に、自宅の豆腐屋さんの一角を改築して工房を開くための相談に来ていたから、ネットショップへの参加を打診に行った。

初訪問のとき、試食で出されたのは「塩クッキー」である。「お菓子は甘いもの」という観念があった僕には、お世辞にも美味しいとは思えなかった。喉が乾きそうだ。でもここで本音を喋ると、ネットショップに参加してくれそうにないと思って、心にもないことを言った。

「美味しいです。こんな味、初めて食べました」（初めて食べた味というのは本当ですが）

川久保さんは、僕の本音ではないことを察したのだろう。

「塩クッキーは今、ブームなんですよ！」

と、ちょっと強い口調で言われた。ブームだろうがなんだろうが、美味しくなくては意味がないだろう、とは思ったが、「みんなが参画してくれるようなネットショップではなくてはいけない」という三上係長のミッションを思い出して参加をお願いした。

「工房があっても、売るところがないとダメじゃないですか。ネットショップに参加してくれれば、実店舗をもたなくても川久保さんのスイーツを売ることができますよ」

お願いする口調ではなかったかもしれない。「しまった。言い過ぎたか」とも思った。彼女はあまり納得していない様子だったけれども、参加しても損はないと思ってくれたのか承諾してくれた。川久保さんも、僕の第一印象はあまりよくなかったみたいだが、やがて彼女は〈A級グルメ〉のキーマンになっていくのである。

石見ポーク、垣崎醤油

続いて、石見地域で養豚業を営んでいる服部充雄《はっとりみつお》さんを口説きに行った。

服部さんが育てているのは、イギリスのケンブリッジ大学とエジンバラ大学で共同開発された「ケンボロー豚」という品種で、地域ブランドの豚として売り出そうとしていた。飼料の配合や水にはとくに気を使っているという。さらに空調や換気コントロールの行き届いたウィンドレス豚舎で、関係者のみが出入りし、出入りの際は着替え、消毒を徹底するなど衛生管理が行き届いている。そうすることで豚がストレスなく育って病気が少なくなり、安全で品質の高い豚肉になるという。

昨今、人気の黒豚は和牛に近いサシの入った肉を目指しているが、ここのケンボロー豚は「旨味のある赤身」に、ある程度の脂肪がつくように改良して、ヘルシーさと美味しさを併せもつ肉質なのだそうだ。女性に人気の出そうな雰囲気を感じた。

「大田市の石見銀山にあやかって、『石見銀山豚』と命名しようと考えとるんだ」

服部さんが打ち明けてくれた。ちょうど石見銀山が世界遺産への登録を目指していたころで、よくニュースにもなっていた。でも、僕は素人ながら、食べ物に「銀」という漢字をつけるのは違和感があった。それに石見銀山が世界遺産に登録されたとしても、隣の大田市だから少し紛らわしい。便乗したと思われるのも嫌だ。そんな意見をおそるおそる言ってみた。

「それなら寺本くん、なんかええ名前ないかね？」

「『石見ポーク』ではどうですか？」

この豚肉を、石見和牛肉とともに邑南町の肉の二大ブランド、ツートップとして売り出したいという思惑があった僕は、なんとなく石見和牛肉と語呂の会う「石見ポーク」が浮かんできたのだ。思いつきだったのに、服部さんはすぐさま気に入ってくれて「石見銀山豚」は止めてしまった。なんと、僕は「石見ポーク」の名づけ親になってしまったのだ。

服部さんとは同じ石見地域なので面識はあったのだが、人となりを知ったのはこのときが初めてだった。一公務員でしかない僕のネーミングでも、いとも簡単に直感で採用してしまう柔軟性、潔さと決断力。素直にすごいと思ったのだった。

発酵食を愛してきた島根には、歴史ある醤油屋が多くある。石見地域の老舗醤油屋である垣崎《かきざき》醤油店にも出向いた。社長の垣崎正紀《かきざきまさき》さんは東京農業大学の先輩でもある。彼は醸造科学科を卒業後、醸造技術を駆使し、醤油に限らず、ポン酢や焼肉のモロミなど多彩な商品を開発していた。

昔から知っていたこともあるが、元来気さくな垣崎さん、ネットショップを始めたいと話すやいなや、

「英仁、やれ！　これからは町の外に売っていかなくては、どうしようもないからな！」

と言ってくれた。人口が減っていく中で、地域経済が成り立たなくなっていくのは明白だ。同じことを考えている人は少なからずいるのである。仲間を集め、増やして、ネットショップを成功させなくてはいけないなという思いはますます強くなった。

すっきりして旨い！　完全自然放牧の牛乳

役場は朝八時三〇分から仕事が始まる。だが、そのころの僕は出勤するや、机につくかつかないかくらいのタイミングで町内の生産者の会社を回っていた。文字通り、朝から晩まで、ネットショップに加盟して欲しいと依頼に走り回っていたのだ。

少し前まで、スクーバダイビングに夢中になっていた僕とは別人だった。

今振り返ると、ネットショップという自分自身もよくわかっていない事業に取り憑かれているようだった。町内の会社を一方的に訪ねて回っては、半ば強引にネットショップに参加してくれないかと口説いていた。

読者のみなさんも、うすうす気がついていると思う。僕は、一度火がついたら、誰も止められなくなるくらい猪突猛進するタイプなのだ。

席を温める暇もなく走り回っているころ、役場にネットショップについて詳しく話を聞きたいという電話があった。電話をかけてきてくれたのは、島根県立大学の四年生だった洲濱正明《すはままさあき》くんだ。彼は大学生でありながら、なんと起業をしたという。

会社の名前はシックス・プロデュース有限会社。全国的に見ても珍しい完全自然放牧による二六頭のホルスタインを自ら飼い、自ら搾乳《さくにゅう》した生乳を飲用する牛乳やソフトクリームなどに加工し、自ら販売する会社だ。事業者の方から参加したいと飛び込んで来てくれたのは、彼が最初だった。

社名の由来は、一次産業（農業や漁業）、二次産業（製造業）、三次産業（流通・サービス業）を掛け合わせた「六次産業」という発想から。山里や漁村から付加価値の高いビジネスを展開していこうという志を示しているという。

ただ、会社の状況などを詳しく聞いた僕は、真っ先に「絶対に上手くいかないぞ」と思った。彼の目指している自然放牧事業は理想主義に過ぎると感じた。

その理由が搾乳量だ。通常の牛舎飼いでは一頭一日あたり三〇リットル取れるのに対し、牧場で放し飼いにする自然放牧の搾乳量は一〇リットル程度だという。おのずと価格は三倍以上になる。その当時、牛乳は水よりも安いと言われていたのに、彼の会社の牛乳は一リットルおおよそ一〇〇〇円もするのだ。この値段だけで売れるはずがないと思った。

しかし、彼の自然放牧の話はものすごく興味深かった。

まず、牛舎飼いの牛が三～五年と短命なのに対して、自然放牧の牛の寿命は一五～二〇年と四、五倍も長いこと。牛舎飼いが主流の現代酪農では、牛乳の濃さを追求するため、輸入トウモロコシや大豆を用いた高カロリー飼料が使われるが、自然放牧牛は自然の牧草のみで、冬には干し草を与えること。放牧面積がきわめて広く、一頭につき一ヘクタール（一〇〇メートル四方）が必要で、そこに二四時間、放牧しているという。だから季節によって、また食べた牧草によって牛乳の風味が変わるのだ。

また現代酪農だと、母牛と子牛は生後まもなく離されて、脱脂粉乳などの人口乳で育成されるのに対し、自然放牧牛は母牛の自然哺乳によって育つ。

自然環境への影響も違う。現代酪農では、処理施設から出る汚水や牛舎飼いによる悪臭を避けることができないが、自然放牧では、広大な牧場で糞尿はそのまま牧草の肥料になり、牛舎飼いのような悪臭もない。

そんな話を、洲濱くんは力説するのである。僕は「売れない牛乳になるなぁ」と評価しながらも、彼が自分の商品に自信をもっていることや、社会をよくしたいと思って実際に自然放牧を始め、学生でありながら会社まで起こした経緯にすごく感動した。

もう一度、なぜ自然放牧をやろうと思ったのか尋ねると、意外な話が出てきた。

彼の育った家庭は、おじいちゃん、おばあちゃんの代から牛乳の卸売り業を営んできて、地元のお客さんを大切にしてきたのだという。そんなお客さんから「今の牛乳は味が変わった」「昔の牛乳を飲んでみたい」と言われたことが、彼が自然放牧に取り組むようになった本当の理由らしい。

こんな話を聞くと、おばあちゃん子の僕としては、親近感が妙に湧き上がる。なんとか彼を支えたい、と腹を決めた。

五五歳からの挑戦～こだわりキムチ

「頑固親父のこだわりキムチ」をつくっている市原洋《いちはらひろし》さんの経歴は、それまでに会った事業者とは一風違い、異彩を放っていた。

高校卒業後、キリンビール広島工場に三〇年以上勤めていた市原さんは、五五歳のとき工場の閉鎖に伴い石見町（当時）にUターンしている。久しぶりに同級生たちと飲んだことをきっかけに、それぞれが休耕田や畑を再利用して白菜を栽培するようになり、さらに付加価値をつけるためにキムチをつくろうじゃないか、となったのだそうだ。

宮崎県南郷村《なんごうそん》（現三郷町《みさとちょう》）という韓国と交流が盛んな山里で、村おこしとしてキムチづくりの研修が行われていることを知って、市原さんは白菜栽培の仲間たちと研修を受けた。そして教わった通りの白菜キムチをこしらえ、「頑固親父のこだわりキムチ」として石見町の地元スーパーや直売所で販売するようになる。

それだけではない。南郷村で知り合った韓国人の自宅を訪ねてソウルまで行って、家庭のキムチの味を伝授してもらった。市原さんと同級生の仲間たちは、いわみ田舎農園有限会社を設立して、本格的に原材料の栽培、加工、出荷までを一貫して手がけている。

大根、唐辛子、りんご、塩アミ、ネギ、ニラ、ニンニク、イカの塩辛、魚醤、自然塩、生姜、スッポンエキス、昆布、はちみつなど多種多様な素材を薬味に使って、栄養価の高い健康食品として売り出していた。隠し味として欠かせない魚醤は、お隣の浜田市の島根県水産試験場の技術指導により、無添加手づくり魚醤として実用化に成功している。

キムチの種類も白菜だけでなく、地元で採れるマイタケ、オクラ、割干し大根、きゅうり、キャベツ、ごぼうなど一〇種類近い。もちろん保存料、着色料などの添加物は使わず、素材本来の旨味を引き出すことにこだわって、徹底して食の安心・安全を追求している。すでに大手インターネット通販サイト「オイシックス」に出品し、キムチ部門で第一位を獲得していたのだった。ここまで評価を得ていれば、今からつくろうとするネットショップに頼らなくてもいいかもしれない。僕は気が引けていたので、遠慮気味にお願いした。

「ネットであろうとなんであろうと、売口はたくさんあった方がいい。参加しますよ」

市原さんはこともなく答えてくれた。

和菓子、そして山里のキャビア

瑞穂地域にある和菓子屋さんへも足を向けた。京都で和菓子を修行した息子さんがUターンしていた静間松月堂《しずましょうげつどう》である。

その彼のつくる「いちご大福」が町でも話題になっていた。いちごが半分はみだすように包まれた季節限定の大福だ。知人からお土産にもらって、とても美味しかったのでぜひネットショップで取り扱ってみたいと思ったのだ。

僕より七歳年上の静間幹生《みきお》さんは陽気な性格で、すぐに仲よくなれた。ネットショップの話は二つ返事で承諾してくれて、仕事が終わってから呑みに行こうという話になり、その日のうちに地元の居酒屋で待ち合わせた。一〇年来の友人のようにいろいろな話をした。

「ウチは今まで、餅屋としてやってきたけれど、今後は町内の人が減って需要もなくなる。京都で覚えた和菓子の技術を生かして、餅だけじゃない、いろんなものをつくっていきたい。町の外にも売っていきたい」

やはり幹生さんも、同じようなことを考えていたのである。酒が進むにつれて今日出会ったばかりの僕の呼び名も「寺本さん」から「寺ちゃん」に変わっていった。

最後に向かったのは、邑南町でキャビアの生産をしている小林建設である。チョウザメを養殖して魚卵を取って塩漬けにする。ちょうど製品化が始まったころだった。

「山里なのになぜキャビア？」と思われるだろうが、順を追って説明しよう。

長い間、日本の大きな産業のない地域で、雇用や経済を支えてきたのが建設業界である。道路整備や河川改修などを行う建設業界は、山里では経済の中心だったと言っても過言ではない。ところが財政の悪化によって、二〇〇〇年代に入ると年ごとに公共事業が削減されるようになったのはご存じかと思う。

島根県では建設業者に異業種、とくに農業分野への進出を主導していた。なぜ農業分野かと言えば、道路や河川の工事に使っている重機を、そのまま活用できるからだ。先細りしていく公共事業の代わりに、補助金を出して異業種への参入を促したのである。

ほかの建設業者が、ブルーベリーやサクランボといった果樹に参入していく中で、小林建設は水産業であるチョウザメ養殖とキャビアの製造事業に参入したのだ。

小林憲治社長によると「最初は釣り堀をやろうと思ったのだけれども、近隣に釣り堀ができたので、思い切ってチョウザメの養殖にチャレンジした」とのこと。岩手県釜石市でキャビア事業を習い、養殖を始めたそうだ。

チョウザメから卵が採取できるようになるまで、八年もかかる。さらに、三〇グラムで約九〇〇〇〇円もする超高級食材である。誰が買うのか、僕には想像がつかなかったが、「特徴のある食材」「キャラが立っている食材」ということではナンバーワンだ。

個性的な仲間たちと一緒に困難と戦う

こんな調子で二〇〇四（平成一六）年一一月から翌年二月まで、ネットショップの事業説明と参加承諾を得ようと、家族や海のことも忘れて奔走した。合併して島根県の町村でもっとも広い面積の自治体となった邑南町を、文字通り走り回ったのだ。

やはり邑南町は魅力的な食材の宝庫だった。スタート時のラインナップは、JAの石見和牛肉、玉櫻酒造の日本酒、アンダンテのスイーツ、シックス・プロデュースの乳製品、服部さんの石見ポーク、垣崎醤油店の醤油、いわみ田舎農園の頑固親父のキムチ、静間松月堂の和菓子、小林建設のキャビア。

賛同してくれた九社による逸品が揃った。

走り回りながら、僕はこのプロセスは何かに似ていると思った。

夢を掲げて、個性的な仲間たちが集まって、困難と戦いながらも笑いを忘れず、友情を育んでいくのは少年漫画の王道だ。あるいは、仲間と一緒に冒険しながら、経験値を高めていくゲームソフトだろうか。僕の好きなウルトラマンは〝過疎〟とか〝少子高齢化〟という怪獣には無力（たぶん）だが、防衛隊が知恵と力を合わせれば、少しでも事態を好転させられるのではないか。いよいよ物語の始まりだ——そんな思いが湧いていた。

ともあれ、町内の食の主要関係者を口説き落とせたことが、僕にとっては大きな自信となった。

理事会という関門

ネットショップ事業を実現するには、観光協会の理事会で承諾を得た上で、総会で観光協会の全会員に納得してもらう必要がある。だからこそ、三上係長はネットショップの参加を邑南町全域の生産者に呼びかけるように指示したのだ。

二〇〇五（平成一七）年四月、ついに理事会で事業の提案をするところまで漕ぎつけた。僕が観光協会の担当になって半年、脇目も振らずに仕事をしてきたという達成感はあったものの、二つの不安があった。

一つは、旧石見町の職員で瑞穂地域に来て半年も経っていない僕が、大胆な新事業を提案して、役員たちに信用され、受け入れてもらえるのだろうかということ。

そしてもう一つが、ネットショップのサイト作成の委託先が、邑南町でまったく仕事の実績もない町外の業者で、二〇代の専務である砂田くんの会社「アイネット」であるということだった。

行政や観光協会の委託において、その町での過去の実績は大きな信用である。委託する側に安心感があるからだ。今回の案件では「石見から来た若い職員が、怪しげな業者に騙されている」と考える役員もいるのではないかと懸念したのだ。

もっとも、僕の信用については砂田くん側から見ても同じだったらしい。砂田くんとの打ち合わせは、いつも「道の駅」や生産者の会社で、役場ではなかったため、「本当に役場職員なんだろうか」「ネットショップを立ち上げて目立ってやろうと、独断で動いているのではないか」と不安をもっていたと、後日、笑い話として言っていたくらいだ。

半年の間ずっと、僕と半信半疑で付き合っていたのかと思うと少しショックだった……。

「人口が減っていく中で、これまでのように地域で商品を売るだけでは、地域の生産者は衰退の一途をたどります。今、まだ余力のあるうちに、新しいことやる必要があると思います！　ネットを活用すれば、全国、いや全世界に邑南町の商品を売ることができます。ぜひ、来年度観光協会の新事業としてネットショップ事業を提案したいのです！」

理事会で僕は、自己紹介をすることも忘れ、新事業の提案に熱弁を振るった。が、熱意もむなしく、役員たちから厳しい質問が飛んできた。

「自分たちは毎日店に立って、目の前のお客さんに一生懸命、商品を売っている。それでもなかなか売れない時代なのに、パソコンを見ていたらモノが売れるのか」

「いったい誰が、ネットショップ事業に対応するのか」

「あんたの思いつきのまま事業を始めて、赤字を出したら誰が責任を取るんか？」

この半年近く、今までの人生でいちばん真面目に、プライベートな時間も投げ打ってこの事業のために動いてきたのに、そこまで言われるとは想像していなかった。

とはいえ「どうやって売るのか」「一つ一つの業務は誰がしていくのか」といった、事業としての基本的な想定が抜けていたのは事実。僕は三上係長に指示されるまま、生産者回りだけをしていたのだとそのとき気づいた。遅すぎる！

生産者を回って真剣に話を聞き、その商品を売りたいと思っている僕の熱意は理解されたものの、それだけでは事業にはならない。

ネットショップ「みずほスタイル」創設！

言葉に詰まって立ち往生したそのとき、隣に座っていた砂田くんがいきなり発言した。役員の方に紹介するために、理事会に同席してもらっていたのだ。

「ネット事業は、生産者が何をしているか消費者に知ってもらうために、写真や文章で伝えることが大事です」

そう切り出した彼は、落ち着いた口調で続けた。

「今、地方の事業者に足りない部分として、自分の商品のこだわりや特長が消費者に伝わっていないことが大きな課題となっています、ネットショップをやって売れる保証はありませんが、ネットを通じて邑南町の生産者のこだわりが伝えられるはずです。

またネットショップは商品在庫を多く抱える必要がありますが、『道の駅 瑞穂』には、多くの生産者が商品を納品しています。『道の駅』の商品棚が商品在庫になるので、ほかのネットショップのように、在庫を抱えなくてもいい。これは大きな有利性につながるので、『道の駅』の中で事業を展開することがいいでしょうね」

役員たちは、僕の根拠のない情熱的な提案より、砂田くんの客観的で先を見ている受け答えに納得して、「アイネット」にネットショップの作成を委託することも了承、新年度予算としてその費用三〇万円を総会で提案することを認めてくれたのだった。

ネットショップの創設は総会でも認められ、ネーミングは「みずほスタイル」に決まった。このネーミングは僕が提案したのだが、決まるまでは二転三転、役場の中で真っ向から反対された。僕だって公務員だから、反対される理由はよくわかる。

邑南町の特産品の販売をするネットショップを立ち上げるのであれば、「邑南スタイル」とすることが当たり前、合併前の町名を冠するのはありえない。

それでも僕は、「みずほスタイル」を譲れなかった。観光協会瑞穂支部がこれまで、何年もかけて貯めたお金の一部を使わせてもらうのだ。住民たちの間で、旧来の町の名を大切にしたいと思う人たちもたくさんいる。生産者を回るうち、僕はそんなことを痛感していた。さらに、地域の生活スタイルを時流におもねるように変化させて欲しくないという願いも、この名前に込めたつもりである。僕自身にも「変えることなく残したいものがある」という感情が生まれ、次第に強くなっていた。

何度も何度も本庁に出向いて説明をした。三上係長は、いつも僕をフォローしてくれて、とうとう「みずほスタイル」としてスタートすることになったのだった。

取材・撮影から注文受付、発送まで

予算は理事会で決定した通り、三〇万円である。この予算では、「フラッシュ」という画面上で写真が次々と変わっていく技術を使ったインパクトのあるサイトは諦めざるをえない。商品の写真や生産者へのインタビューなどの文章も自前で手がけることになった。水中写真のプロを目指していた僕は、写真には自信があった。しかし、文章を書くのはまるっきり初めてだ。不安だらけだったが、「生産者の顔が見えるように、ストーリー性のある取材をしてくださいね」という砂田くんの指導を意識して、ネットショップに参加してくれる九社を取材して回った。

取材中、改めて感心することも多かった。みんな見事なほど丁寧に「自分の産品」をつくっているので、感嘆して誉めると「当たり前だよ」「普通でしょ」という言葉が返ってくるのだ。手間のかかることを一生懸命に行っているのは、邑南町の生産者にとって自然体であり、普通なのだ。当たり前や普通じゃ文章が書けないんだよ、と心の中でちょっとだけ文句を言いながらも、すごいなぁと神妙な気持ちになった。

写真と原稿を九社分まとめて、「アイネット」の砂田くんに送ったのは、オープンの一週間前だ。サイトのデザインなど、彼と彼の奥さんと僕で連日徹夜の作業となってしまった。

僕は毎日、役場の仕事が終了すると一時間車を走らせて「アイネット」に行った。夜を徹してサイトの細部を詰めて、朝の五時に「アイネット」を出て、着替えをするためだけに家に帰り、また役場へと向かう。その「火事場の馬鹿力」には、我ながら驚いた。

その甲斐あって、予定通り二〇〇五（平成一七）年七月一日、邑南町観光協会瑞穂支部のネットショップ「みずほスタイル」がオープンした。ネットショップだから偉い人のスピーチも、お客の行列もなかったが、邑南町の自慢の逸品を、世界中どこからでも注文できるショップがついに開店したのである！

砂田くんのアドバイスの通り、ネットショップの事務所は「道の駅 瑞穂」において、注文の受付は「道の駅」にいる観光協会職員に依頼した。しかしながら「道の駅」の通常業務に加えての仕事になる上、注文時のメールの受発信のやりとりが、僕自身が「ややこしいなー」と思うくらいで、かなり大変なのだ。しかも、早朝も深夜も注文が来ていないかつい気になってしまう。

オープン前、砂田くんに研修してもらったところ、注文が来た時点で「ありがとうメール」、発送したときに「発送しましたよメール」、商品が届いたころに「商品到着確認メール」と、一つの商品につき三回もメールを送れと言う。ネットショップが普及した今、自動送信システムが当たり前なのだが、当時は一つ一つメールを打つことが前提で「そんなに面倒くさいことをしなくてはいけないのか？」と、誰もがげんなりした。僕も真っ先に「面倒くさっ」と思った。

案の定、この研修の時点で、職員たちから「できません！」と断られ、僕が事務所に常駐して、注文時のメールのやりとりと発送作業を担当することになった。事業を立ち上げた手前、誰もやらないなら自分でやるしかない。

初めての注文が来た！

オープンして一週間、時間があれば机のパソコンを眺めているのに、一向に注文メールが来ない。ネットショップさえつくれば売れると思っていた僕は、激しく落ち込んだ。

「なぜ、注文が来ないのか？」と、砂田くんに毎日電話で問い合わせた。彼はサイトをつくるのが仕事で、売れるかどうかまで責任を負っているはずがないのだが、頼る人間は彼しかいない。結果、中毒症状のように電話をしてしまうのである。

それでも一週間後、いよいよ待望の注文が来た！　このメールをクリックしたときの喜びは生涯忘れないだろう。初注文は石見和牛肉焼肉バラエティーセットだった。「みずほスタイル」のオープンにあたり、目玉商品として考えた四三〇〇円の商品である。

砂田くんから指示された通り、僕は注文された方に「ありがとうメール」を送ったところ、数時間後、砂田くんから電話がかかってきた。

「寺本さん、『ありがとうメール』が長すぎます。もう少し簡潔に」

僕はあまりの嬉しさに、感謝の気持ちを込めて、砂田くんの指示より五倍もの文字数を送信していたのだ。少し恥ずかしくなったが、ふと、なぜ彼は、僕がお客様に長文の「ありがとうメール」を送ったとわかったのかが気になって、折り返し電話をして聞いてみた。

実のところ、彼が偽名を使って注文していたのだった。よく見ると、注文メールの宛先はそのまんま砂田くんのアドレスなのである。

これにはかなり落胆したが、初注文には変わりない。気をとり直して発送作業にとりかかった。砂田くんは僕があまりにもしつこく電話をするので可哀想に思ったのと、ちゃんとマニュアル通りに作業ができるかを確認するために注文してくれたのだ。

「腹黒マンタ徒然日記」

パソコンの前に座っているだけでは注文が来ないことがわかってきた。となると僕にできるのは、自分の知っている人に「みずほスタイル」と、そこに掲載している九社の商品を知ってもらうことだ。さっそくチラシをつくって家族や友だち、職場の同僚に配りまくった。

ネットの世界とはほど遠くアナログきわまりない方法だが、すぐできて、いちばんわかりやすい。お中元の時期と重なったので、このチラシをきっかけに注文してくれる人がけっこういた。

注文があれば、僕がサイトに注文情報を入力する。そんな自作自演のネット販売で七月、八月の売上はキープできた。だが九月になると、めっきり注文数が落ちてくる。やはり、チラシを配って知り合いに売りまくるのには限界がある。「みずほスタイル」を見てくれる人は、依然として少ないままだ。

ならばと、ネット上に僕個人のブログをつくって「みずほスタイル」の日々の活動や、プライベートまですべてさらけ出した。

題して「腹黒マンタ徒然日記」。これを毎日書いて更新したのである。

マンタとは、僕が水中写真でいちばん好きな被写体、オニイトマキエイの通称だ。僕は生産者のところに出向いては、自分の撮った水中写真を見せて自慢していたから当時「マンタさん」と呼ばれていた。あるとき玉櫻酒造の玲子さんから「寺本くんは、考えることが腹黒いから、腹黒マンタだ」と言われたことがあり、それをペンネームにしたのだった。「みずほスタイル」の一コーナーとしてリンクさせて、頑張って毎日更新したものだから、町の人は少しずつだが、見てくれるようになった。

また、行政関係者の間で「邑南町の公務員が面白いことをブログで書いている」と話題になったらしく「みずほスタイル」の人気コーナーとなった。僕のブログのアクセス数が上がるたび、「みずほスタイル」の商品も売れるようになってきた。

とはいっても一か月で三〇万円くらいの売上である。ネットショップに期待した邑南町の未来が開けるような効果は見られなかった。売上構成を見ると石見和牛肉が90％、あとの八社の商品ぜんぶで10％である。

三か月もすると、参加した生産者からオープン前の盛り上がりは消えつつあった。

それはまずい。ネットショップだけでなく、生産者に売上をつくってもらおうと、僕は週末に広島市で開催されるイベントを探し出しては参加を呼びかけた。オープン前に聞いた「販路のチャンネルはいくらあってもいい」という話を思い出したからだ。

石見和牛肉のモモ肉とバラ肉を活用した串焼き、玉櫻の日本酒、静間松月堂のいちご大福、アンダンテの塩クッキーなど、毎週のようにさまざまなイベントにみんなで参加して売り出した。よく売れるイベントもあればまったく売れないイベントもあったけれども、とにかく売上を出すことで、「みずほスタイル」への生産者の気持ちを繋ぎ止めた。

加えて、週末ごとにみんなで広島のイベントに参加し、イベント終了後にみんなで売れ行きを一喜一憂することで妙な結束感が生まれた。そうやって培ってきた仲間たちとの人間関係は、今に続く僕の人生最大の財産になっている。

大量の注文に有頂天になる

この素晴らしい仲間たちの産品が、なんとかネットショップで売れないものか。日々、模索していたころ、「おとりよせネット」という口コミ情報サイトが好評を博しているという新聞記事を見つけた。このサイトでは、全国のショップがエントリーした産品が審査を経て紹介される。掲載されると〝選りすぐりの逸品〟のお墨付きを得たようなものだから、全国的に注目されるのである。

掲載のためには、「おとりよせネット」が認定している著名人や食のプロである〝おとりよせの達人〟五人に商品を送り、その中の三人が認めてくれることが条件だった。しかも審査料は一品五万円。僕はどうしても出品したいと思い、三上係長に五万円の捻出を頼み込んで、石見和牛肉サーロインステーキで応募した。

結果は見事合格。「おとりよせネット」に掲載されたのが、お歳暮の時期に重なったこともあり、今までにない注文が「みずほスタイル」にやってきた。クリスマス前には、とうとう「おとりよせネット」の肉部門で人気一位になった。

僕は有頂天になって、注文が入るたびにメールを返信し、商品を発送していた。一か月で二〇〇件以上の石見和牛肉の注文が舞い込んできたのである。

そんな中で僕は、ある注文の書き込みを見落としていたことに気がついた。

ほとんどの注文がクリスマス前後だったが、その注文の特記欄には「一二月二七日、娘の誕生日に必着で石見和牛肉のサーロインステーキを送って欲しい」とあった。娘さんは僕の長男と同い年だった。

それに気づいたのが、クリスマス前後のバタバタがやっと落ち着いた二六日。宅配便業者に聞くと、出雲空港の最終便に乗せることができれば間に合うという。僕はＪＡの食肉加工センターに頼み込んで商品を用意してもらい、自分の車で空港へ急いだ。邑南町から出雲空港までは二時間ほど。ギリギリ間に会った。

間に合った瞬間、涙が出た。有頂天になっていた自分の愚かさ、気恥ずかしさや、子どもの誕生日を祝うために、石見和牛肉を選んでくれたお客さまの期待を裏切らずに済んだことへの安堵感など、いろんな感情が溢れ出したのだ。

正直に言えば、僕はそれまで商品が二、三日遅れてもたいして問題ないだろう、くらいに思っていた。しかし、記念日にメインの食材が届かなかったら、大変なことになる。ネットショップはお客さまそれぞれの、特別な日に利用されていることを実感すると、恐ろしくなって身が引き締まった。

「効率的に売上を伸ばしたい」

年が明けても、石見和牛肉の売上は好調だった。やがて「みずほスタイル」の売上比率で95％くらいを占めるようになる。そうこうするうち、自分の心理状態に変化が生まれてきていることに気がついた。スタート当初は、邑南町の特産品を売りたいと思っていたのに、いつの間にか「みずほスタイル」の売上を増やしたいと思うようになっていたのだ。

両者は、同じように思えるかもしれないが、微妙に違う。

「みずほスタイル」の売上を上げるなら、石見和牛肉を売ることがもっとも楽なのだ。牛肉なら一品で一万円を超えることもあるのだが、単価が低いほかの商品は一万円のために、いったい何個を売らないといけないのだろう。そんな販売効率が気になるようになったのだ。

当時のネットショップでは、誕生日や結婚記念日など特別な日の「おとりよせ需要」が多く、石見和牛肉は最適だったからよく売れた。一方、垣崎醤油店の商品は一品五〇〇円と仮定すると二〇品売らないと、石見和牛肉一品の売上に追いつかない。言うまでもないことだが、メールのやりとりや発送作業も二〇倍になる。

結果、ほかの商品を売るモチベーションは、牛肉よりも下がってしまうのである。公務員の僕は、すべての事業者に等しく目を向けないといけないのに、ビジネスの世界を囓《かじ》ったがために、効率優先の考え方に染まっている自分が嫌だった。

そんな気持ちは、参加してくれている生産者たちにも伝わってしまう。

「マンタは石見和牛肉ばかり売る」とか「石見和牛肉びいき」などと言われるようになっていた。純粋に町の特産品を全国に届けたいと思っていたのに、ネット事業に邁進するうち、効率を優先して石見和牛肉を売りたいと思う気持ちになっていたのだ。

生産者から「信義にもとる」と非難されても言い訳できない。市場経済の毒素(?)が回ってきたのだろうか?

「みずほスタイル」が観光協会を支える仕組みへ

二〇〇六年(平成一八年)四月、そんな中で僕は瑞穂支所から本庁の商工観光室に異動になった。

異動になると「みずほスタイル」の担当も離れることになる。何もないところからスタートして、全力で取り組んだ「みずほスタイル」は、挫折も、大きな喜びも体験させてくれた。そこから離れることには、大きな喪失感があった。

ところが異動の直前、三上係長から「『みずほスタイル』の仕事は寺本が本庁にもって行って、全町的に広めてくれないか」と打診された。「みずほスタイル」は自分の子どものような存在になっていたので、これには本当に涙が出た。

本庁の観光推進担当に移って最初に取りかかったのは、旧町村単位の支部に分かれていた観光協会を一本化することだった。

三つの支部の中で唯一、財源が豊富だった瑞穂支部も、前年に指定管理制度を活用して「道の駅 瑞穂」の運営を産直市企業組合に任せたため、財源は「みずほスタイル」のみになっていた。その収益で、各支部の観光イベントの資金を捻出することにして一本化を進めたので、今まで以上に売上が必要な状況になった。まさに背水の陣である。

石見和牛肉は好調をキープしていたけれども、依然としてほかの産品はサッパリである。異動してすぐ、生産者に「アイネット」の砂田くんを交えて、どうやって売上を伸ばしていくか戦略会議をした。いろいろな意見が出た。今一つパンチのないアイデアが続いて低調な会議になりかかったころ、砂田くんが言った。

「芸能人が邑南町の食材を美味しいと言ってくれれば、売れると思う」

これには僕も「それはいいアイデア」と同調したけれども、僕も含めこのメンバーの中で芸能人と親しい人なんているわけがない。絶対に無理だろうと内心では思った。

「ここは、事務局の寺ちゃんに探してもらおう」

生産者の一人、静間松月堂の静間さんの発言にみんなは笑ったが、僕は逆に「知らないなら探そう」と心に決めた。昼休みになると、芸能人名鑑を愛読書にして勉強をしていたが、お昼を食べた後だから、ことさら眠気が強くなる。なかなか頭に入ってこない。

食べたら飲酒運転になるケーキ

邑南町の食材を、芸能人にテレビで美味しいと言ってもらう作戦は簡単ではなさそうだ。これはこれで引き続き努力することにして、地道にネットで売っていく作戦を考えよう。ということで目をつけたのが、アンダンテの川久保さんがつくるスイーツだった。「おとりよせネット」でスイーツは、肉部門と並ぶ大人気の分野だったからだ。すでに石見和牛肉が肉部門で人気を博していたこともあり、スイーツでヒットを出して二本柱とすることを目論んだのである。

川久保さんは広島市内の音楽大学を卒業している。結婚後、ご主人の仕事の都合でロシアのモスクワに三年間住んでいた。現地の飲食店は衛生的に不安があったので、自宅でなるべく料理をするようにしていたのだという。そのころお菓子づくりに興味をもち、いつかは本格的にお店を出したいと思うようになったそうで、帰国後、その願いを実現させて、ついに邑南町の自宅に工房を開いたのだ。

僕が怪訝な顔をした「塩クッキー」を彼女は一生懸命につくっていたが、予想通り（失礼！）「みずほスタイル」でもイベントでもあまり売れなかった。

川久保さんは音大でフルートを専攻していただけあって芸術家肌だ。自分の作品には人一倍、自信をもっている。その反面「どうすれば売れるのか」「何が売れるのか」は二の次、あまり興味がもてないようだった。僕と砂田くんは、幾度となく「塩クッキーもいいけれど、地元の食材を活用してスイーツをつくってみては」と提案していたのだが、なかなか受け入れてはくれなかった。

それでもイベントの出店を通じて親しくなった玉櫻酒造のお酒を使って、ようやく新作となるパウンドケーキをつくってくれた。それがアルコール度数三六度という、きわめてアルコールの強い日本酒を使用したパウンドケーキである。

正直、僕は「塩クッキーの次はこれかよ……」と思った。ケーキの箱に「ケーキを食べたら車の運転はしないでください」と注意書きが入っているのだ。

「食べたら飲酒運転になるケーキですか？」と、何度も問いただしたのだが「三日寝かせれば味が染み込んで絶妙になる」「このアルコール度数が大事なんですよ」と、お客のことは眼中にないみたいで、とことん自分のつくりたいケーキにこだわっている。

何度かやりとりしている間に僕は根負けして、腹を決めて彼女を応援することにした。「アルコール度数の高い、地元の日本酒を使うケーキなんて珍しい」と考え直して、地元の山陰中央新報の記者に情報提供した。予想通り記者は珍しがってくれて、新聞に大きく掲載された。記事の最後に「みずほスタイル」のアドレスを入れてもらっていたので、掲載当日は二〇〇個を超える注文が入ってきた。メディアの影響力を実感した出来事でもあった。

これをきっかけに日本酒のパウンドケーキは、石見和牛肉に次ぐ大ヒット商品になった。当の川久保さんは、掲載日を記者に教えてもらっていたものの、「どうせ売れないだろう」と決めてかかって広島市内に遊びに行っていた。あわてて呼び戻すと、それから二週間くらい、ほとんど徹夜で日本酒のパウンドケーキをひたすら焼いたのだった。

日本酒のパウンドケーキが売れることで、玉櫻の名前も宣伝されることがわかって大いに勉強になった。タレントを活用してマスメディアで露出しなくても、地元紙にまめに情報を発信することで、少しずつではあるが地域に広まっていくのである。

このころ僕は、地元のマスコミに情報発信をただお願いするだけでなく、自分たちがこれからやろうとしているアイデアや構想を話して、アドバイスをもらうようになった。

マスコミは、企画として面白くなくては記事にしてくれない。単にものを売りたい、観光客を呼ぶイベントを募集したいでは、広告料を払って広告ページに掲載してくれと言われてしまう。彼らと話すうち、マスコミが面白いと思う勘所が見えてきた。

そんな中で、僕には気づいたことがあった。民間でものを売る行為は当たり前だけれども、行政マンの僕が商人となって、売上増加を目指して、地域を盛り上げようとしていることが面白いのだ。だから、マスコミに注目されるのである。公務員という立場を最大限活かして町をＰＲする戦略は、このころ覚えたような気がする。

特産品をブランド化するには

懸案の「芸能人に美味しいと言ってもらうプロジェクト」は進展していない。

もっとも、芸能人にテレビや雑誌で邑南町の宣伝してもらっただけでは、一過性の盛り上がりで終わってしまう。ネットで売れるためには、邑南町の商品をブランド化していくことが、最終的な目標なのではないか――僕は「みずほスタイル」を運営してみて、そんなことを感じていた。問題はどうやってそれを実現するかだ。

ふと「邑南町ブランドの基準をつくり、食のプロたちによる審査の上で町が認定をしてはどうだろう」というアイデアが浮かんだ。といっても僕が独自に考え出したのではない。石見和牛肉を大ヒットさせた「おとりよせネット」の仕組みを真似ようと思ったのである。「おとりよせネット」を運営しているのは、東京のアイランドという会社だ。すぐに上司の大田文夫《おおたふみお》課長に相談して、東京出張の許可をもらい、アイランドの社長・粟飯原咲《あいはらさき》さんに面会した。

「『おとりよせネット』と同じ方式で、邑南町の特産品を審査員に審査してもらい、邑南町が認定する企画をやってみたいんです！」

真似させて欲しいと言っているのも同然だったが、粟飯原さんがさらにアイデアを出してくれた。

「邑南町内だけの特産品の審査ではつまらないから、全国の逸品を集めてみてはどうですか？　これは誰が審査員であるかで応募数が決まります。審査員の一人として『おとりよせネット』のカリスマ審査員である花房美香《はなぶさみか》さんに参加してもらうことと、この邑南町の認定イベントの広告をすること、この二つは協力できますよ」

邑南町は「おとりよせネット」の顧客ではあるけれど、こんなに力添えをしてもらえるとは思っていなかったから感謝感激だった。

また「邑南町をPRするこの企画も素晴らしいけれど、都市へ産品を売るための知恵を生産者に普及することも大切ですよ」という粟飯原さんの言葉が印象に残った。

超一流のシェフが協力してくれた

僕はこの全国公募型・特産品おとりよせコンテストに邑南町の頭文字を横文字にし「Oh！セレクション」と名づけ、さっそく準備にかかった。ところが、予算を算出すると、これだけのイベントとなると八〇〇万円くらいかかることがわかった。もちろん邑南町の予算にそんな余裕はないから、狭き門ではあるが、国の100％補助事業に応募することを決めた。

今、自分の考えていることは先駆的な取り組みで、これから邑南町だけでなく、全国の地域がよくなるための方策であることは間違いない――申請書にそんな熱い思いをぶつけてみた。提案型の補助事業に応募するなんてこれが初めてだったが、結果は見事採択！邑南町発の全国公募型インターネット逸品コンテスト「Oh！セレクション」は、二〇〇七（平成一九）年に実施できることになった。

仕事の流れとしては募集要項、認定基準をつくり「おとりよせネット」に広告をしてもらう。全国からの応募に対して、審査員に審査してもらって、認定をするというプロセスだ。募集要項は僕と砂田くんでつくったが、認定基準は食の専門家に委託して作成してもらった。審査員には花房さんのほかに、あと二人に依頼することが僕の役目となった。

まずお願いしたのは、石見和牛肉を広島のANAクラウンプラザホテルに売り込みに行ったときに知り合った黒越勇《くろこしいさむ》さんだ。黒越シェフは、二〇〇〇年の「世界料理オリンピック」で日本人としては初めて金メダルを獲得した、超一流のシェフである。

僕がサンプルのモモ肉を五キロ抱えて持参したところ、黒越シェフに「うちはサーロインかヒレ肉しか使わないから、モモ肉をもって来てもダメだよ！　まあ、せっかくもって来たんだから、スタッフの賄いに使わせてもらうよ」と、冗談交じりで叱られたのだった。

だが、それ以来とても仲よくなって、ときおり奥さんと一緒にドライブがてら邑南町に遊びに来てくれるようになっていた。僕は邑南町のトマトやブルーベリーを送り、ときどきではあるけれどもホテルで使ってもらえるようになっていた。もちろん石見和牛肉も。

だから、お願いすれば二つ返事で引き受けてもらえるはず、とタカを括《くく》っていたのだが、ホテル内で許可を得る必要があるらしい。稟議を上げるのが大変で、ずいぶん時間を費やしてもらうことになってしまった。それでも、なんとか承諾してもらえたのはとてもありがたかった。

難関は著名人への依頼

あと一人は念願の著名人の起用である。まったく人脈がなかったから、結局、コンサルタントに頼ってある著名人にお願いする予定となった。

あくまでも「予定」であったにもかかわらず、僕は喜びいさんで、すぐ「みずほスタイル」のメンバーを集めて「あの著名人に『Ｏｈ！セレクション』の審査員を引き受けてもらいました」と発表したのだ。当然、地元マスコミも呼んでいた。

僕と砂田くんは、その著名人に会って了解を得るために東京に向かい、企画内容を伝えたところ、「Ｏｈ！セレクション」で最終的に何をしたいのかと質問された。

「邑南町の特産品を全国に売りたいんです」と、当然のように即答したところ、予想もしなかった返事が返ってきた。

「生産における基準づくりなら引き受けましょう。ただ、商品を売るのが目的の基準づくりならば、引き受けることはできないよ」

この数か月、すべてが順調に進んでいたので、どん底に落ちる気分だった。その後、二人でなぜか新橋のしゃぶしゃぶ店で夕食をとったことを覚えているが、何を話したかまったく覚えていない。後日、砂田くんは「いつもポジティブな寺本さんの落ち込んでいるところを初めて見た」と言っていた。よほどショックを受けていたのだと思う。

翌朝、役場の開庁時間に合わせて電話した。大田課長に報告しないといけない。

「あのー、僕が昨日、依頼したんですが、この内容では受けられないと断られました」

「まあ、そんなこともあるよ。マスコミには決まるまで報道しないで欲しいと頼んでおいたから、安心して帰ってこい。よく頑張ったな」

叱られるどころか、逆に課長から慰めてもらった。

この電話で吹っ切れた。どん底に落ちる時間は睡眠時間含めて一八時間で終わった。早めに空港に向かい、空港の書店で何冊も食に関わる本を買い込んで、そこに出てくるタレントさんの事務所に、携帯電話でひたすら審査員の依頼をした。帰ってからも一日中、タレント事務所に審査員の依頼の電話をした。

「有名人を起用しなくても『Ｏｈ！セレクション』はできるから、軌道修正してみては」見かねた課長が言ってくれたが、僕は生産者との約束をどうしても守りたくて、めったやたらと電話をかけまくった。しかし、結果は同じことの繰り返しで、断られるばかりだった。

平野レミさんと出会う

「平野レミさんにお願いしてみたら？」とアドバイスをくれたのは、アンダンテの川久保さんだ。彼女はレミさんの相当なファンだったらしい。

僕は地元のマスコミに事務所の電話番号を聞き、電話してみた。それまでのタレント事務所の雰囲気とはまったく違って、電話に出たマネージャーの奥田さんとのやりとりは、とても親近感がもてた。聞けば、奥田さんのお母さんの生まれが島根県で、子どものころはよく遊びに来ていたらしい。

東京での打ち合わせでは、レミさんのご自宅にも伺い、テレビで見るまんまの気さくな感じで、無事、「Ｏｈ！セレクション」の審査委員になってもらえたのだった。

全国から届いた特産物をレミさんの自宅に送り、それを一つ一つ吟味してもらった。味だけではなく、生産者の思いが伝わってくるか、梱包のされかたはどうかなど、細かなところも見てもらえるようお願いした。

この「Oh！セレクション」以降、レミさんは邑南町に何度も来てくれて、このイベントで生まれた名品で考案してもらった料理で、料理ショーや料理教室も行った。毎回、レミパン（レミさん考案の万能フライパン）でお料理するレミさんの影響か、なぜか邑南町でのレミパンの普及率も上がってレミさんにも喜んでもらった。

はじめは、なかなか邑南町という名前も覚えてもらえなったが（笑）、自然がいっぱいで、緑の大好きなレミさんだから、毎年の審査を心待ちにしていてくれたに違いない。

夢が現実になっていくとき

審査員の知名度と「おとりよせネット」の広告効果は抜群で、短い準備期間にもかかわらず、第一回の「Oh！セレクション」には北海道から沖縄まで四五品の応募があった。邑南町の「みずほスタイル」の生産者もほとんどが応募した。

審査の結果、石見ポークが大賞、アンダンテのシフォンケーキ「お米のふわわ」が平野レミ賞、シックス・プロデュースの自然放牧牛が黒越勇賞と、ほとんどの上位賞を邑南町が独占した。もちろん審査は公平に行っている。審査員の名誉のためにも、これは明言しておきたい。

表彰式には審査員の平野レミさん、花房美香さん、黒越勇さんとともに、「おとりよせネット」の粟飯原社長も来てくださった。邑南町で盛大に行われた表彰式の様子は、多くのメディアでも取り上げられることになった。

シックス・プロデュースの洲濱くんは、大学生で自然放牧に取り組み、起業したことが注目されてTBSの人気ドキュメンタリー番組『情熱大陸』ほか、多くの番組や記事で紹介された。

邑南町の特産品が特集される番組が何度も放映されたり、石見和牛肉や石見ポーク、キャビアなどの商品や生産者が個別にメディアに取り上げられたりする機会が、「Oh！セレクション」の前とは比べものにならないくらい増えてきた。


中でも、驚かされたのがアンダンテの「お米のふわわ」である。これは日本酒のパウンドケーキのヒットで味を占めた川久保さんが、地元食材の活用に着目、邑南町産の「石見高原ハーブ米」の米粉でつくったシフォンケーキだ。ただ、原価計算をしてみると、一ホールの販売価格が二五〇〇円になってしまい、通常のシフォンケーキの三倍以上するものになった。町内では「二五〇〇円では誰も買わんだろう」と、変な意味で話題になっていたシフォンケーキだが、平野レミさんが〝話題のおとりよせ商品〟としてテレビで紹介してくれるや、一時間後には四〇〇個、金額にして一〇〇万円もの注文が「みずほスタイル」に舞い込んだ。

注文はその後も止まることなく続き、川久保さん一人でケーキを焼いているため、三か月待ちのお客さんも出るほどになった。僕は注文してくれたお客さまに「大変申し訳ありません。もうしばらくお待ちください」と、何度もお詫びのメールを送り、町内の配達は川久保さんから請け負った。大雪の降る日は配達先まで車で入ることができないため、一キロ以上歩いて配達して、終了したのが夜九時を回ったことも何度もあった。

でも僕はまったく辛くも苦しくもなかった。一年前は、みんなで「芸能人にテレビで宣伝してもらいたい」と言っていた。あのころ、夢のような話だと思っていたことが、今、現実に起こっているのだ。

「みずほスタイル」では石見和牛肉だけでなく、アンダンテのケーキも自然放牧の牛乳も、石見ポークもキャビアもお酒も、醤油もキムチも和菓子も売れてきている。スタートした二〇〇五年（平成一七年度末）の売上は三〇〇〇万円だったのに、二〇〇七年（平成一九年度末）は約七倍の二〇〇〇〇万円にもなっていた。

生産者によかれと思ったことが

以前にも増して僕は有頂天になっていた。しかし生産者は、なんだか苦しそうな顔をしている。これはいったい、どういうことなんだ？

石見和牛肉の生産者であるＪＡの担当者と話す機会があったので尋ねてみた。

「『みずほスタイル』の売上が伸びて、どうですか？」

僕は少し自慢気味に聞いたと思う。だが感謝の言葉が返ってくると思いきや、トゲと困惑の入り混じった言葉を聞かされることになった。

「寺本さんは値段の高いヒレ肉やサーロインは売ってくれるけど、牛の体はそんな肉ばかりじゃないよ。バラ肉やモモ肉も売ってくれないと、肉が余ってもうすぐサーロインやヒレ肉も出せなくなるよ」

この返答は大ショックだった。生産者のために石見和牛肉を売りたいと思い、工夫を重ねて頑張って売ったのに、逆に苦しめていたなんて。

よかれと思ってしたことも、喜ばれるとは限らない。どんなに石見和牛肉を売りたい、PRしたいと思っていても、その行為自体が生産者のためにならないこともあったのだ。

僕は本当に生産者のことを考えていたのだろうかと、急に不安になった。彼らの気持ちがわかっていなかったのだと思った（このとき「生産者の現場と気持ちを理解したい」という考えが芽生えたことから、三年後、僕は父親を誘って和牛の繁殖農家になった）。

ＪＡの担当者の言葉はショックだったが、沈み込んでいるわけにはいかない。僕は大量に余っている石見和牛のモモ肉とバラ肉に、邑南町の特産品の一つである白ネギを組み合わせた「石見和牛肉の串焼き」をつくって、「道の駅」で一人で売った。

売ることはともかく、準備が大変である。材料に串を刺すとき、竹の繊維が手に刺さってものすごく痛い。一〇〇本も串を刺すと手はボロボロだ。それでも串を刺し続けた。僕にできることは、それしかなかった。

幸いなことに、この「石見和牛肉の串焼き」は邑南町の名物になり、現在では東京や広島市内でのイベントで、一日で何千本も売れる商品になった。諦めなければ、災いは福に転じるのである。

続いて石見和牛肉や石見ポークの余剰の部位であるモモ肉やバラ肉を活用して、レトルトカレーをつくった。この串焼きとレトルトカレーの販売により、ネットで売れる高級部位のサーロインやヒレ肉も、安定して仕入れられるようになっていった。

ネット事業を民営化

「Ｏｈ！セレクション」で邑南町の特産品が広く知られるようになって以降、売上は毎月伸びていったのだが、生産者への支払いは月末締めの翌月払いである。一方、お客さまからの入金は、商品に同封した郵便振替だったので、最大で三〇〇万円近くもの未収金が発生してしまった。

僕は一件ごとにお客さまにメールをして入金のお願いをした。電話で催促もした。大半は回収できたが、中には回収できないケースもあった。この失敗によりカード決済を導入したので、未収金の問題は一気に解決できた。

しかし一難去ってまた一難、生産者の支払いは月末締めの翌月払いだが、カード会社からの入金は二か月後になる。売上がどんどん伸びていくと現金が不足するのである。

「寺本さん、これでは黒字倒産してしまいますよ」と砂田くんに何度も忠告された。生産者への支払いが遅れるのは信頼を失うことに直結する。現金収入を得ようと地元で商品を手売りしたり、毎週末に「石見和牛肉の串焼き」を「道の駅」で売ったりして、なんとか一度も支払いを遅らせることなく乗り切った。

二〇〇九（平成二一）年四月、「みずほスタイル」は民営化された。スタートからの約二年半で、売上は約七倍となっていた。苦しい思いをしながら、生産者も僕も、生産量を増やす努力や新商品の開発を行い「みずほスタイル」の運営を続けた。

しかし、売上が年間二〇〇〇万円を超えると、行政マンの僕では限界だと思った。僕は、行政マンはあくまで「仕掛け人」でよいと考えている。たとえて言えば、たき火をしようと声をかけて火をつける係だ。火がつきにくいなら原因を探り、工夫をする。火がついたら、やる気がいちばん燃え上がった者が引き継いでいくのだ。

生産者も僕も燃えた「みずほスタイル」は次の段階に進んだのだ。事業はその専門家がやればいい。その手法を僕は「みずほスタイル」で学んだ。

「みずほスタイル」はその後も成長・発展して、現在は〈A級グルメ〉×SHOPとなり、「アイネット」の砂田くんが引き続き運営してくれている。

私は見た！
寺本英仁の
ビレッジプライド
1

一言で表すなら、
思いの熱い人。
何ごとにも一生懸命で、
親身に考えてくれる

一般社団法人食と農人材育成センター

川《かわ》久《く》保《ぼ》陽《よう》子《こ》さん

島根県邑南町出身。
ネットショップ「みずほスタイル」参加を期に、
邑南町の「食」の仕事に広く関わっている。
現在は「食の学校」の企画運営に携わる。

私は、自宅の一室を改装した工房「アンダンテ」でケーキやクッキーなどのお菓子を作って、「道の駅」などで販売していました。

見た目にかわいいなって思う焼き菓子セットを作るのが好きで、材料にこだわったり、パッケージやラッピングにも凝っていたので、どうしても原価が高くなってしまいます。

「道の駅」って価格が手頃な野菜販売が多いなかで、私の出していたお菓子はお客様にはよけい高額に感じてしまうらしく、なかなか売れない日々でした。

寺本さんが工房にやって来たのはそんなときです。

「『道の駅』で商品を見たんだけど、今度、観光協会で始めるネットショップを一緒にやってみませんか!? すぐには大きくならないかもしれないけれど、将来、このネットショップは邑南町を支えるようになるんだから！ 絶対に入ったほうがいいですよ！」と勧められてメンバーに入りました。

言葉通りというか、ネットショップ「みずほスタイル」も、当初はあまり売れなかったのですが（笑）。寺本さんは役場や自分の知り合いにチラシを配って、注文を取ってきてくれました。「このネットショップは邑南町を支えるようになる！」と言った責任感から、ケーキの注文など、本当にマメに〝営業〟をしてくれたんです。クリスマス時期には、雪の多い日に歩いてクリスマスケーキを配達してくれたこともありました。

ワークショップや研修会に参加を勧めてくれたのも寺本さんです。誘われるがままに「売れる商品のネーミング」「SEO対策」などの講座に出席しました。町内や広島でのイベントにも毎回のように参加を呼びかけられ、そんな中で町内の生産者の人たち同士、ヨコのつながりができていったんです。

寺本さんを一言で表すなら「思いの熱い人」です。

何ごとにも一生懸命で、親身に考えてくれる。「確認しておきます」と言えば二、三日してから返事する人が多いでしょうが、寺本さんの場合、翌朝には電話がかかってきます。第一印象はせっかちな人だと思ったのですが、全身から溢れ出る本気、やる気がそう見えたのかもしれません。

第３章　東京進出をめぐる葛藤と迷走

東京で特産品を売りたい！

「みずほスタイル」を通じ、邑南町の特産品が知られるようになったことで、とくに広島方面から、実際に邑南町に出向いて買ってみようという人が増えていた。

広く情報発信ができて、どこからでも注文できる「みずほスタイル」の効果は確かに出ていた。ただ、売上は約七倍になったとは言え、運営に専属の職員を一人雇えるようになった程度。生産者も若干売上が増えた程度に過ぎない。

継続の必要性は揺るがないが、このまま「みずほスタイル」をメインに続けても、それだけでは町や住民の経済状態がよくなる可能性は低い。

それなのに、生産者は注文に追われ、僕は発注管理に追われクタクタになっている。「みずほスタイル」を始めたころのようなワクワク感がなくなっていた。何よりも、生産者が楽しそうに仕事をしていないことが気がかりだった。

生産者が人を雇えるようになるためにも、もっと売上が必要だった。そうなると、ネットショップ以外に販路を広げなくてはいけない。僕は「それならば東京で売ろう！」と考えた。ネットショップのデータをみると、顧客の七割が東京をはじめとする関東圏の人たちだった。邑南町のことを知っている人はほとんどいないはずなのに、ネットに出ている情報だけで購入してくれる。どんな人たちなんだろうと、とても興味が湧いた。

東京は僕が大学時代に生活した場所である。何となくわかっていたつもりだったが、地方にこれほど大きな影響力をもっているとは。

宮崎県の東国原英夫知事（当時）が東京のホテルやデパートでトップセールスをするのを見て「やはり地方は東京に売り込みをかけていく時代なんだ！」と感じたことも大きい。東京での売り込みに、妙な憧れみたいなものも芽生えていた。

僕は役場の会議で「これから販路の拡大をしていく上で、東京にターゲットを絞っていくべきです！」力説した。当時、東京に出張するのは町長ぐらいで、職員はよほどのことがない限り行くことはなかったのだが、「販路開拓のため東京を目指そう！」と提案したのだ。

おそらく県内では先駆的な試みだったと思う。誰もやったことがないのだから、どのくらい勝算があるのかわからない。提案をしたのは僕だが、最終的に判断を下すのは町長だ。失敗すれば非難されるが、何もしないことを咎《とが》められることはめったにない……。

だが、石橋良治《いしばしりょうじ》町長は、東京に進出して販路開拓する事業へと舵を切った。僕以上に町長が積極的だった。石橋町長は民間出身。僕よりも数段動きが早く、粘り強い。たとえば、東京で開催するイベントでパンフレット配布などをしていると、僕などは二時間もすれば休憩をとりたくなるのに、町長は休憩なしで、一日中、配り続ける。東京進出を提案した僕が、少々のことで、弱音を吐いてはいられないと何度思ったことか。

幻となった一流ホテルの「石見和牛肉フェア」

ということで、二〇〇八年（平成二〇年）から本格的に東京進出へと漕ぎ出したものの、最初はどこに出向けばいいのかすらわからない。島根県庁のブランド推進課を頼り、いろいろと相談した。

手始めに島根県のアンテナショップ「にほんばし島根館」で、邑南町フェアを開催して邑南町の産品がそこに置かれるようにしてみては、と提案されて、言われるままに「にほんばし島根館」を訪ねた。そして館長から提案されるまま、邑南町フェアを三日間開催した。石見和牛肉の試食販売したところ、評価は上々、売上も多かった。それから数か月、毎月「にほんばし島根館」に通い、石見和牛肉の試食販売を行った結果、毎月二九日を「肉の日」として定期的に販売してくれることになった。

加工品などの委託販売が中心のアンテナショップが、精肉のような生鮮食品を扱うのは画期的なことである。しかしながら、旅費や試食費などかけた経費と時間に見合う成果とは言えそうにない。あと何回東京に通えば、販路が大きく開けるのだろうかとため息をついていたころ、島根県庁から都内にある一流ホテルのバイヤーを紹介された。

この話が決まれば大型取引きになる！　と勇んで石見和牛肉の商談に行った。

以前、広島のホテルへの売り込みでモモ肉を大量に持参して、黒越シェフから「うちはサーロインかヒレ肉しか使わないから、賄いに使わせてもらうよ」と言われた反省から、石見和牛肉のサーロインとヒレ肉を少量もって行った。経験は人を賢くする。

バイヤーは試食するなり「値ごろ感のいい肉ですね」と、一言。

僕は「値ごろ感のいい肉」の意味がわからなったのだが、どうやら「値段の安いわりによい肉」という意味らしい。さらに小躍りするような言葉が出てきた。

「試しに、うちのホテルの一店舗で二週間の石見和牛肉フェアをやってみますか？」

二つ返事で「よろしくお願いします！」と言った次の瞬間、聞かされた言葉が衝撃的だった。

「とりあえず二週間のフェアで、サーロインとヒレ肉、二〇〇頭分用意していただけますか？」

唖然とした。二週間で二〇〇頭なんてありえない。生産者から「高級部位ばかり売るのでは困る！」と、厳しく叱られたのだ。第一、石見和牛肉自体、年間二〇〇頭しか出荷できないのだから、物理的に無理である。

打開策はあるのだろうか？

東京という大消費地のすごみを感じてはいたけれども、このバイヤーの言葉ではっきり理解できた。邑南町の力では、東京が望むだけの量を供給できない。

行政はよく「食のブランド化」と口にする。もう少し具体的に言えばブランド化=差別化というのが僕の認識だ。しかし、よそとの違いを打ち出そうにも、前提として東京という巨大な胃袋を安定的に満たすための量を生産できなくては話にならない。それをはっきりと悟った。人口が減少して地域内の経済が成り立たない。だから、大消費地である東京で外貨を獲得するめに東京に進出する、という「外貨獲得」を僕は目指していた。

ところが、人口が減少している邑南町では、生産者自体も少なくなっているのだから、東京に送り出すだけの量をつくるなんて絶望的に困難なことなのである。

邑南町をブランド化する方法には、二つの選択肢しかないように思えた。

一つは、石見和牛肉や石見高原ハーブ米といった町独自のブランド名を捨てて、しまね和牛や島根県産米など、島根県ブランドとして生きていく道。もう一つは現状通り、石見和牛肉や石見高原ハーブ米など独自ブランドを貫き通す道。

前者を選んだ場合は、もし上手くいかなくても行政として責められることはないだろう。一方、後者を選んだ場合、いったいどうなっていくのか僕にはわからない。

東京進出を目指したものの、二〇〇八年からの三年間は、立ちはだかる難題への打開策を悩む時間が多かった。

「なぜチーズフォンデュが大賞ではないの⁉」

少し話はさかのぼる。二〇〇七（平成一九）年の第一回「Ｏｈ！セレクション」終了後、「北海道チーズフォンデュ」を出品した北村貴《きたむらたか》さんからクレームの電話があった。彼女は、帯広《おびひろ》地方のよい産品を集めたネットショップ「北のフードソムリエ」を運営していた（現在は終了している）。

北村さんが電話してきた理由は「なぜ、自分が出品したチーズフォンデュが大賞ではないのか？　大賞や主要な賞はすべて邑南町ではないか！」というもの。手厳しい抗議だった。もちろん審査は公平に行っている。「北海道チーズフォンデュ」は賞こそないものの、「Ｏｈ！セレクション」には認定されていた。とは言え邑南町の産品が主要タイトルを受賞していたのは事実なので、どう回答すればいいのか理由に困った。

その一方で、彼女がほかの商品を見たわけでも試食したわけでもないのに、どうして自分の出した「チーズフォンデュ」が大賞と確信できるのか、とても興味が湧いた。「みずほスタイル」の売上が伸びているにもかかわらず、僕自身、どこか息苦しくなっていたころでもある。彼女のクレームを聞きながら、思わず頼み込んでいた。

「北村さん。僕、北村さんの取り組んでおられることやチーズフォンデュの話をもっと知りたいんです。いや、僕だけではなくて、邑南町の生産者も聞いてみたいと思います。ぜひ一度、邑南町に講演に来ていただけませんか」

後で彼女に聞くと、クレームを言っている人間に講演を依頼するとは、なんて変な奴だと思ったそうだが、呆れてしまって、いったいどんな人間なのか会ってみようと興味が湧いたのだという。講演の依頼を了承してくれたのだ。

三週間後に邑南町で開かれた講演の中で、彼女は地元の産品への気持ちをとても素直に語ってくれた。北村さんは帯広市の高校から東京の短大に進学し、大手石油会社に就職、その後、マーケッターとして独立している。東京で華々しく活躍して経済的にも成功をしていたものの、やはり故郷が過疎化していくことに不安を覚え、帯広でインターネットショップ「北のフードソムリエ」を開設、地元の特産品や農産物を全国に販売していたのだった。

帯広周辺は北海道の中でもとくに広大な農地が広がるエリアで、農家一軒あたりの農地は、本州の平均の四〇倍にもなるという農業王国なのだ。野菜も酪農も畜産も行われ、圧倒的な生産量はもちろんのこと、質の高さに彼女は強い自負をもっていた。

そんな産品の中でも、北村さん自身がいちばん美味しいと思っているのが、今回、出品されたチーズフォンデュだったので「どうしてこれが大賞ではなかったのか？」と納得がいかなかったのだそうだ。講演を聴いて、彼女は商品や生産者を自分の子どもや家族のように大事にしていることがよくわかり、僕も見習わなくてはいけないと思った。

そして「なぜ大賞ではないのか？」と、憤慨した理由も少しずつわかってきた。

帯広を訪れる

彼女が愛してやまない農業王国・帯広とはどんなところなのだろう？　自分の目で確かめたくなった僕は、二〇〇八（平成二〇）年夏、初めて北海道帯広市を訪れた。東京進出にチャレンジして悩んでいた最中のことである。

飛行機が帯広空港に着陸する前に見えた農地の広さに、まず圧倒された。僕が見たこともないような、本当に平らな土地が広がっているのである。邑南町のような中山間地域の傾斜のある土地とはまったく違う。農地の面積も比較にならない。

北村さんのネットショップ「北のフードソムリエ」のターゲットも東京だそうだ。僕たち邑南町は、こんな広大な農地をもつ地域と戦わないといけないのかと、一瞬呆然とした。

この北の大地で、北村さんが愛する生産者を紹介された。メロンの生産農家、北海道土産の定番お菓子メーカー、牧場、そしてあのチーズフォンデュの生産者（険しい表情だったが丁寧に教えてくれた）。どの生産者もみんな、自分たちの商品を「北村さんなら預けても信用できる」と信頼を寄せて、「北のフードソムリエ」に納めていることが理解できた。

プロデュースする北村さんの意識も相当高いが、ネットショップに出荷している生産者の意識・知識も素晴らしい。そういった信頼関係が必要なのだと実感した。

三日間、北村さんに案内してもらって、はっきりわかったことがある。邑南町は、生産量ではどんな手段を使っても帯広にはかなわない。でも、邑南町ならではという特異性を見つければ、活路は開けるかもしれない。ただそれが何なのか、今はわからない。

浅井くん登場

「『みずほスタイル』や『Oh！セレクション』の新聞記事を見ました。ご担当の寺本さんに非常に興味をもちまして。さきほど役場にお邪魔したんですが、ご不在ということで、また別の日に会っていただけませんか？」

電話口から、気の抜けた声が聞こえてきた。帯広から邑南町への帰路、乗り継ぎのために羽田空港で待っているとき、役場から連絡があり、こちらから携帯に電話をしたときの浅井くんの声だった。

「僕に興味がある」という言葉にすっかり嬉しくなって、数日後さっそく役場で面会した。浅井洋樹《あさいひろき》くん。長身で色白、三〇代前半の男性だった。彼は広島市内の地域おこしのコンサルタント会社に研究員として席を置き、町おこしの研究をしていた。僕のやっている中山間地域における販路拡大事業に興味をもち、協力できることはないかと言うのである。

試すつもりはなかったが、広島市で行われるイベントで「アンダンテ」の川久保さんのお手伝いをして欲しいと頼んでみた。川久保さんは一人で仕事をしているので、イベントに出店するときは、いつも手伝ってくれるアルバイトを探すのに苦労している。

広島市内在住の浅井くんは二つ返事で了承してくれた、それも、ボランティアで。

イベント当日、彼が担当したのは米粉のカツバーガーのためにカツを揚げる係だった。ところが、びっくりするほど不器用な手さばきなのだ。火傷するのではないかとヒヤヒヤしっぱなしだった。

「なんて人を紹介してくれたのだ」と、川久保さんも僕に冷たい視線を送ってくる。

急遽、僕がカツを揚げることにして「君は背が高いから、看板をもって宣伝してくれ」と頼んだ。いきなり手伝いを頼んだ僕が悪かった、と反省した。しかし、彼が看板を手に宣伝するようになってからは、川久保さんのブースが盛況になった。

「米粉のカツバーガーいかがですかぁ!? 邑南町のお米と石見ポークのカツバーガー!」

浅井くんは、一生懸命に大声をあげてアンダンテの宣伝をしている。たまに子どもにまで無理やり売ろうとするので保護者に怒られているが、彼の一生懸命に取り組む姿は共感できた。何より五〇〇個の米粉カツバーガーが完売した。彼の活躍が大きく影響したことは間違いなかった。

その夜の飲み会でも「みずほスタイル」の生産者に可愛がられていた。不器用だけど、一生懸命さが人を惹きつける。僕も五歳年下の彼を、弟のように可愛がるようになった。

都会の若者を呼び込もう

浅井くんの最大の武器は、町おこしにおける企画力と、企画を文章化して、国などへのプロポーザル型補助事業の申請書類をつくりあげる能力の高さだった。

合併以来、邑南町もご多聞に漏れず財政難だが、福祉や教育費などは削減できない。どうしても産業振興にかける費用は抑えざるを得ない。一方、国は二〇〇八年のリーマンショック以降、不景気を脱却するために、多くの提案型プロポーザルを公募していた。なんとか地域経済を回復しようと、補助金を出す事業を自治体から公募したのだ、全国の市町村は、自己負担ゼロとなる全額補助の事業を競って提案していたのである。

浅井くんは、農水省が公募している「田舎で働き隊！」事業を、邑南町として提案してみてはどうかと僕にもちかけた。これは都会で若者を集め、農村で農業を体験してもらうなどして活性化を図る仲介業務を支援するものだ。

意表を突かれた思いがした。地域経済の活性化のためには、特産物の販路開拓が必要だと思って、文字通り席を温める暇もなく動き回っていた僕には、都会の若者に邑南町で働いてもらい、定住してもらうという発想はなかったからだ。彼にアドバイスしてもらいながら、提案書をなんとか書き上げて、役場内で稟議を通し、農水省に提案した。

見事、採用されたその内容はというと——。

農業に興味をもっている東京の若者を集め、邑南町までバスで連れて来て、働いてもらうというものだった。邑南町からバスを出すので、東京までの片道（車だと一二時間かかる！）は僕らはカラで向かい、東京で若者を乗せてまた一二時間走って邑南町へと戻る。そして一週間、邑南町で農業体験をしてもらって、その後バスで東京まで送るという超ハードスケジュールの企画だ。今なら絶対にやらないだろうと思う。

だが、あのころの僕と浅井くんは、せっかく実現した企画なのだから、たとえ一人でも町に興味をもってもらいたい、定住して欲しいと本気で願い、畜産農家や野菜農家で農業体験をしてもらったり、町民を交えての意見交換会をしたり、一週間を必死で過ごした。疲れたとか眠いとか言っていられない。

しかし結局、誰も定住することはなかった。

僕は、ものすごく寂しく、悔しい気持ちになって浅井くんに話しかけた。

「邑南町には、若者が暮らしたいと思うような魅力が、まだまだ足りないことを痛感したよ」

「確かに、今回の企画で東京の若者は定住しませんでしたが、若い人が邑南町に定住すればいいんですよね。僕が定住します」

二〇〇九年（平成二一年）五月、邑南町が観光協会の法人化を目指して企画員を募集すると、本当に彼は応募してきたのだ。そして見事合格。奥さんと二人で邑南町に定住し、観光協会民営化に向けて、一緒に仕事をするようになった。

「邑南町のブランド化」と「町の人材育成」へ

僕たち二人は今まで取り組んできたことを振り返る作業から始めた。

人口減少によって地域経済の循環が成立しなくなることから脱するため、「みずほスタイル」をスタート、さらに東京での営業活動で販路を求めたが、生産者の人材不足から一定の量を供給できないことがわかった。

それならば、と打ち出した方針は二点。

・都市部では販路を求めるより、邑南町のプロモーションに徹底し、町自体をまるごとブランド化すること

・地元では生産者の育成と、これから町の産業を担ってくれる人材を確保していくこと

この二本柱に絞ったのだ。

町のブランド化の手始めとして、「邑南町東京ＰＲセンター」を設置した。初期のＰＲセンターの大きな役割は、国の助成制度の情報収集と、邑南町のブランド化に効果的な東京の人材とのコネクションづくりだった。東京ＰＲセンターの職員は民間に委託して、現在、三代目だ。町の成長段階においてニーズを明確にして適合する人にお願いしているので、とても上手く機能している。

邑南町でも人材の育成をしていく必要があると気づいたのは、「北のフードソムリエ」の北村さんに出会ったことが大きい。

帯広訪問の後、食に関するセミナーを次々と開催した。国の補助事業を活用して毎年約五〇講座、二〇一三年（平成二五年）まで六年間も続けた。料理家はもちろんのこと、パッケージのデザインの知識を身につけてもらおうと、地域特産品のブランド開発で著名なデザイナーも招聘した。東京だけでなく、いい人がいれば全国各地から来てもらったのである。

「みずほスタイル」の生産者をはじめ、町内の多くの人々がこの講座を受講することで、今までになかった知識や技術に触れ、ぐんと底上げすることができた。

六年間でおおよそ三〇〇講座、講師の選定から開催、運営までを僕と浅井くんで行った。講師はほぼ、広島空港を利用するので、送迎はほとんど僕がした。招聘する講師の著書はすべて読み込み、送迎の三時間は講師を独り占めして、マンツーマンで指導してもらった。今、僕の財産となっている人脈と知識は、この期間につくられたことは間違いない。

通常なら講師との縁は、セミナーに呼んでそれでおしまい、となりがちだが、講演会を開催しているうちに気づいたことがあった。今、目の前で話している「食の専門家」や

「デザインの専門家」は東京に帰れば、それぞれの分野の第一人者であり、大きな影響力をもつ人たちなのだ。

当初、僕は邑南町でのセミナー開催と東京でのPR活動を切り離して考えていたが、これは実にもったいない。東京でのPR活動には必ず講演会でお世話になった講師に協力してもらおうと考えた。専門家の人たちは講演会で話したり、テレビ、新聞、雑誌などから取材を受けたりする機会も多いから、邑南町のことを話してもらうようにお願いしたのだ。協力してもらうためには、講師のことをよく理解しておくのは当たり前だ。僕はますます事前勉強に身が入った。講師も一回呼ばれて終わりなら、邑南町に関心をもたないはずだから、僕は同じ講師に何度もセミナーを依頼した。

生産者にも何度も同じ講師の話を聞いてもらうことで、習熟度は深まるし、講師自体も次第に邑南町の応援団になっていく。そんな相乗効果や好循環が生まれていった。

「振興」ではなくて「信仰」なのか？

東京への特産品の売り込みも継続していたが、「買ってください」「使ってください」と売り込むだけでは上手くいかないとわかってきた。そのため、邑南町食材のブランド化を目指し、食材の素晴らしさをアピールする戦略的拠点＝東京と捉え直した。東京のレストランを貸し切っては邑南町の食材をもち込み、食のブロガーや料理研究家を招いて料理を振る舞うなどのイベントを試みたのだ。

そのためには、やはり加工・調理できる人間が必要になる。国の雇用対策事業に応募して、役場内に「食のプロジェクトチーム」を結成した。

プロジェクト名は「Ｏｈ！プロジェクト」。目的は石見和牛肉や石見ポーク、キャビア、自然放牧牛乳など、量は少ないが邑南町の逸品を調理・加工し、レシピ開発することで、多くの消費者に食べ方を提案をしようというもの。

このとき応募してくれたのが、注文殺到によって一人でスイーツ工房の運営を続けていくことに悩んでいたアンダンテの川久保さんと、広島のホテルでソムリエをしていた河野《こうの》一聖《ひとし》くんだ。本音では料理のプロであるシェフを加えたかったが、この時点で応募者はいなかった。

ただ、そうやってレシピ開発をして、食のブロガーや料理研究家に石見和牛肉やキャビアを振る舞ってみても、邑南町食材のブランド化に効果があったとはとても言えない。アイデアの奇抜さでマスコミには面白がられて取り上げられはしたが、一過性の話題に終わってしまった。

「寺本さんのは地域振興ではなくて地域信仰」

レストランの貸切でお世話になっていた、東京神田の「なみへい」のオーナー、川野真《かわのま》理子《りこ》さんからずばり指摘された。すごく悔しかったけれど、客観的に見ると確かにその通りなのだ。

華々しく動いているようだが収益にはつながらないのだから、地域経済の活性化という「振興」になっていない。結局、お祭りを開催して「邑南町は素晴らしい！」と声を上げているだけなので「信仰」と言われても返す言葉が見つからない。

僕はいろいろなアイデアを実行して、動き回っていたけれど「空回り」をしているのである。プロジェクトのメンバーも、当初は「食の専門家」として鳴り物入りで役場に入ってきたのだが、成果につながらないから、周囲からは単なるイベント要員にしか見られなくなってしまった。川久保さんと河野くんは本当に辛かったと思う。

僕は、東京に行くたびに、煌《きら》びやかなイタリアンやフレンチのレストランに、ただただ憧れた。もし、こんな場所で邑南町の食材が使われたら、どんなに素敵だろう、そして生産者はどんな笑顔をするのだろう。そう夢想していた。

でも、生産量の問題をクリアしない限り、たとえ契約できたとしても、生産者を苦しめるだけだ。夢想と現実の狭間で、葛藤を繰り返す毎日だった。

「イベントばかりやって、遊んでるじゃないか」

知恵を絞り、体を張って動き回った僕と浅井くんだったが、実際の活動内容は〝イベント屋〟にとどまっていた。今、振り返れば笑い話のようだが、邑南町内をリヤカーを引いて一軒一軒、玄関の門を叩いて、「Oh!プロジェクト」で開発したハンバーガーなどを訪問販売したこともある。自分たちの町の食材を知ってもらおうと思ったからだが、何をやっても成果が上がらないと感じていた。まさに迷走だった。

「あいつは東京に行っていったい何をしているんだろう」

「イベントばかりやって、遊んでるじゃないか。公務員の仕事じゃない」

そんな声が役場内からも聞こえてきた。下手に情報発信をするので一部の取り組みが目立って同僚や町の人に伝わるのだ。出かけるたび、母親から耳の痛い言葉を浴びせられた。

「あんた、また東京へ行くんかね？　もう、みんなと同じような仕事してよ！　目立たなければ、いろいろ言われんで済むんだから……。お願いだからもう止めてちょうだい」

僕は心の中で「自分の子どもたちのため、これからも持続可能な地域をつくっていくために今、動いているんだから、少しはみんな見守ってくれよ」と叫ぶが、成果が見えない今、それを口に出しても、負け犬の遠吠えになってしまう。

ただ、同じ役場職員の妻だけは「仕事の状況はわかるよ。子どもたちの将来のためにやってくれているのもわかる。投げ出したりしないで頑張って」と励ましてくれた。もし、妻までが周囲と同じ反応であったら……。今の自分はいなかったと思う。

私は見た！
寺本英仁の
ビレッジプライド
2

一生懸命なんだけど穴だらけ。でも、最後はうまくまとめるんですよ

玉櫻酒造有限会社 杜氏

櫻《さくら》尾《お》尚平《しょうへい》さん

島根県邑南町出身。明治二五年創業の玉櫻酒造の五代目。蔵の杜氏として、弟で酛屋（仕込みを担当する）の圭司さんとともに「自分の蔵」の酒造りを突き詰めている。

寺本さんに出会った当時は、僕も蔵を継ぐために帰ってきたばかりだし、社会経験がなかったので、特別変わった人だとは思いませんでした。でも、今思えば、役場の人がこういう生産者の現場に来て話し込んでいくことはないから、とても面白い動き方をする人なんですよね。

母によると「最初、寺本くんが失礼な電話をかけてきたので怒ったら謝りに来た。でも、謝りに来たんだと思ったら、開き直りに来た」と言います。広島でのイベントに製品を提供するのが、さも当然のような口ぶりだったので咎《とが》めたら、寺本さんはうちに来て「僕たちは提供してもらった製品を大切に扱って、広島の人たちに宣伝をするのだからフィフティ・フィフティです」と言ったらしい。

それでもその後、母は「寺本くんが持ってきた提案は必ず受ける」と言うくらい、信頼して仲よくなりました。僕も寺本さんの持ってくるイベントに何度も参加して製品を売りました。イベント会場に「みずほスタイル」として出店して、販売するわけです。

楽しかったですね。寺本さんがにぎやかに巻き込んでくれて、町内の生産者とも仲よくなれた。そのころの僕は、どんな酒造りをして蔵をどういう方向に持っていこうというイメージがつかめていなかったころだったから、勢いをつけてもらいました。

東京からいろいろな専門家を招いたセミナーなども開いてくれて、僕も何度か参加しました。味覚の専門家の先生の話を聞いて、考え方が広がったこともあります。

寺本さんは、次から次へと何かをやっていこうという元気な感じの人。結構、感化されやすいタイプで、出向いた先ですぐ感化されて、こっちに戻って来て勢いよく話してくれる。情報を得るには打ってつけです。会うたびに言うことが変わっているところもあるし、記憶もときどき書き換わっている（笑）。そんな勢いのある人なんですよ。

寺本さんからのメールに「誤字のチャックをお願いします」と書いてある。もちろん「チェック」と打ちたかったんだろうけれど、「それが誤字ですよ！」と突っ込まれるタイプの人（笑）。一生懸命なんだけど穴だらけ。でも、最後はうまくまとめるんですよ。

第4章　〈A級グルメ〉構想～最強の地産地消レストランをつくれ！

地産地消レストランの先駆け

二〇一〇年（平成二二年）一〇月、東京進出にチャレンジして三年目になったが、何をやっても成果が上がらず、周囲から白い目で見られるようになっていた。批判する声は次第に大きくなるばかり。悩んでいたころ、町長に呼ばれた。

「このまま今の事業をやって、寺本はどういう方向にもっていきたいんだ？」

町長の問いに、具体的なアイデアがなかった僕は何も答えられなかった。神妙な顔をして、町長室で向かい合っていると諭すように言われた。

「イベントじゃだめなんだよ。町民が豊かになる取り組みをしてくれ」

僕は「はい」と返事をするだけで、ほかの言葉はまったく浮かんでこなかった。

数日後、町長が「Ｏｈ！プロジェクト」の事務所にやってきた。

「この前、山形県の鶴岡市に行って、『アル・ケッチァーノ』というレストランで食事をしたんだが、そこは庄内地方の食材を使ってイタリア料理を出している。その料理を食べるために、わざわざ東京からたくさんお客さんが来とるんだ。悩んでいるなら一度、行って来い」

地産地消レストランの先駆け「アル・ケッチァーノ」は、今や日本国内はもちろん海外でも評判だが、僕はそのとき初めて聞いた。

さっそく鶴岡市役所に視察の依頼をして現地に向かった。アテンドしてくれた市の職員の話からも、食を前面に出した地域づくりに努力している様子が伝わってきた。

僕は小手先の販路開拓やPRにばかりに力を入れて、邑南町が、いや自分自身がいったい何をしたいのか、何を目指しているのか整理しないで、ただ走り続けていたのだなぁ、と視察の最初に猛省した。

目当ての「アル・ケッチァーノ」ではランチメニューを予約していた。一皿一皿が丁寧に薄味で、食材の香りがそのまま活かされているものだった。この店を開いた奥田政行《おくだまさゆき》シェフの、地元食材への自信と思い入れが伝わってきた。

その日、奥田シェフは店にいなかったが、ランチ終了後にスタッフにお願いして「アル・ケッチァーノ」直営の畑に同行させてもらった。料理人が畑に出向いて野菜までつくっている姿を見て、衝撃が走った。感動した、なんてものじゃない。本当に雷に打たれたような気がしたのだ。

邑南町の食材は素晴らしいと十分に理解していながら、僕は今まで「特産品を都会で売る」という固定観念にずっととらわれていた。よい食材は、町に来て食べてもらったほうがよいのではないか！　そう閃《ひらめ》いたのだ。

『デフレの正体』と出合う

邑南町に帰ってからは、さまざまな本を買い漁り、また延々とネットを検索して「食」や「地産地消」の資料を探すうち、面白い考え方を発見した。

それがミシュランの星付きレストランについての見解である。僕の勝手なイメージでは、日本ではミシュランの星付きレストランは東京・大阪・京都にあると思っていたし、実際、ほとんどがそんな大都会に存在していた。

しかし、本場のヨーロッパでは違う。今でこそ、ミラノやパリなど、ヨーロッパを代表する都市にもあるけれども、発端は地方の片田舎のレストランに与えられる称号だったという。

とくにイタリア、フランス、スペインといった多くのグルメが旅する国では、いい食材がある地方がリスペクトされている。料理人はその片田舎で地元の食材を活用して、素晴らしい料理を提供している。そんなレストランが、もちろん今も国中に点在しているのだ。それを目当てに、グルメは何時間も何十万円も費やして訪れる。考えてみれば、ミシュラン社はタイヤのメーカーである。都市の住民が車で遠出をしてタイヤをすり減らしてもらえば、会社のメリットにもなる。このミシュランの星付きレストランが、片田舎にあるのはとても合理的だ。

僕はもっとヨーロッパの「食」や「田舎」のことが知りたくなり、さらに勉強を重ねた。

藻谷浩介《もたにこうすけ》さんの『デフレの正体』（角川書店）という本に出合ったのはそんなころだ。日本が不景気からなかなか抜け出ず、働いても幸せになれない理由が明快に書かれており、この本の内容すべてに納得できた。

驚いたのは、「日本は、アメリカや中国などの大国には貿易黒字を出しているにもかかわらず、イタリアやフランスには逆に貿易赤字になっている」という話だった。これは日本人がイタリアやフランス製のワインやチーズ、衣服、バッグを好んで買うためだ。

イタリアについてもっと調べてみると、イタリアには五〇〇〜一〇〇〇人程度の小さな村が多くあり、日常の衣食住を徹底して地元でつくっており、その生産者たちが定住している。そのこと自体が地域独自の文化となって、多くの観光客を集めている、というのである。

守りでありながら、同時に攻めている！

日本でも田舎の豊かさ、農山村の豊かさは、決して引けを取らない。小規模だが非常に多彩である。産品の豊富さもある。僕たちの住む邑南町ももちろん例外ではない。

今まで僕は、東京を中心とする日本経済のシステムの中で、「町づくり」をしようとしていたことに気がついた。東京に進出して〝外貨〟を稼ぐことに無理があったのだ。

グローバル化や産業化を否定するつもりはない。しかし、今まで大きなロットにならないために流通から切り捨てられていたもの、すなわちローカルの豊かなものを束ねて、外とつながることにこそ、本当の豊かさがある——それがはっきりと見えてきた。

僕が本当にやりたいのは、都会から金をぶん取ることではなかった。

地域でお金が循環していき、その美しいコミュニティに憧れて外から人が来て、さらに経済が拡大する仕組みをつくりたいのだ！

役場職員になって、地域のイベントに借り出されたとき、参加者がお互いに出品した産品を買い支えしているのを見て、意味がないと思っていた。しかし、あれこそが地域でお金が循環している姿だ。本来の地域づくりの原点だった。

僕が実現しなくてはいけないのは、「経済が循環して拡大していく地域づくり」であり「そのための仕組みづくり」だったのだ。やるべきことはこれだ！

金持ちになりたいから、ここに住んでいるわけではない

「みずほスタイル」の注文が増えるたび、売上は増加したけれど、生産者は笑顔にはならなかった。僕自身、発注をこなすために生産者に無理を言い、どんどん険しい顔つきになっていた。そんなことも、東京中心の経済システムに乗っかろうとしたためだったと気がついた。

僕たちは金持ちになりたいから、邑南町に住んでいるわけではない。この町が大好きで、代々、先祖から引き継がれてきた仕事や文化を継承することに誇りをもち、一緒に住んでいる人々と、この町に暮らす喜び、悲しみを分かち合うために、ここで生きているのである。それを維持するために必要なのがお金だ。

お金は最終的な目標でもゴールでもない。手段だ。僕たちのゴールは、この町で大好きな家族、仲間と楽しく幸せに暮らすことなのである。

「わかったぞ！」と風呂を飛び出したアルキメデスになったような気分だった。

この興奮した気持ちを誰かに伝えたくなり、次の日の朝、真っ先に浅井くんにこの話をした。彼もこの考え方にはすごく共感してくれた。そして「そんなことを実現してくれる人間が寺本さんだと思ったから、邑南町に引っ越してきたんですよ」とまで言ってくれた。彼はすごく誉め上手だ。僕は気恥ずかしさなど感じず、猛烈にやる気が出た。

二〇一〇（平成二二）年の夏以降、僕たち二人はこの気持ちを町の多くの人に理解してもらうために、徹底的に町の人と議論をした。

議論しながら、その結果を何かにまとめていこうと思った。そして邑南町が発足した二〇〇四年から走り続けてきたさまざまなものを、いったんここで整理して、今後の方向性を導き出そうと考えた。

「〈A級グルメ〉構想」をまとめる

具体的に言うと、最初に取り組んだのは、事業者に「話会」に参加してもらうことだ。農林業者・加工業者・商業者に集ってもらい、邑南町の産業を豊かにするために、テーマを三つに絞って議論した。三つのテーマとは「観光」「定住」「起業」である。グループで漫然と話をしてもらうだけではなく、テーマごとに町の課題を洗い出し、自分たちの強みや地域特性なども挙げながら解決方法まで議論した。

課題はやはり人口減少と高齢化だ。どちらも進行が止まらない。関連して事業所の数も減っていた。島根県全体の動向と比較してみると、事業所数の減少は緩やかだが、従業員数の減少は県平均の約二倍、急速に雇用が失われつつあった。

邑南町の強みは、やはり豊かな農産物である。それを支える自然環境があり、神楽や田植え囃子など個性ある伝統芸能や行事もあった。一見、立地条件は悪そうだが、高速道路を使えば広島都市圏からは一時間半ほど。交通量が少ないからほとんど渋滞はない。

米、高原野菜、石見和牛肉、石見ポーク、ハーブ、ブルーベリー、サクランボなど良質な農産物があり、さらに国内でも希な完全放牧による乳牛飼育に取り組む学生ベンチャーの存在や、異業種参入により果樹栽培やチョウザメ養殖に取り組む建設事業者など特徴ある企業が存在する。

こうした現状を整理して、まとめ上げたのが二〇一一年（平成二三年）三月の「農林商工等連携ビジョン」だ（タイトルが堅苦しいのは役場のサガなので許してください）。

基本理念に「〈A級グルメ〉立町の実現を核とした地域振興の推進」を置いた。〈A級グルメ〉とは、邑南町で生産される良質な農林産物を素材とする「ここでしか味わえない食や体験」と定義した。イタリアの農村の暮らしをかなり意識していた。「食」に関連する産業がさかんになれば雇用機会は拡大する。「食」から「職」を生み出す起業家を育成することや、「食」を求めて邑南町を訪れる観光客を増やすことなど、さまざまな取り組みを掲げた。

こうして方向性を定めた上で、「観光入込客数年間一〇〇万人、定住者数五年間で二〇〇名、食と農に関する起業者数五年間で五名」と目標を設定した。検証期間は五年間である。はっきりと数字で掲げたので、達成度は一目でわかる。

二〇一六（平成二八年）から国の地方創生政策が始まって、各自治体がこうした計画を策定するようになったが、僕たちはその五年前から独自に取り組んでいた。

ビジネスの世界ではＫＰＩという指標がある。業績評価指標（Key Performance Indicators）という意味で、「目標の達成に向かって、進捗の度合いがわかるように定量化されている指標」といった意味だが、それもつくっていたのである。ちょっと自慢しておきたい（笑）。

役場がつくる「日本史上最高の地産地消レストラン」

いくらよい計画をつくり上げたとしても、動かなければ「絵に描いた餅」になってしまう。すぐ実行したかった僕は、計画を策定している段階から「食のプロジェクトチーム」にシェフを募集した。

このプロジェクトチーム自体は二年前に発足している。先にも書いたように、僕は一流のシェフが必要だと思ったが、実際にシェフを招集してしまうと町がレストランを運営しないといけなくなる。だからあのときは応募者がなくて正直ほっとしていた面もある。

テレビや新聞、雑誌には、市町村や第三セクターが運営する観光施設のレストランなどがのきなみ閉鎖、潰れていくニュースが溢れている。僕でなくても、公務員が飲食サービスに手を出すのはマズい、と消極的になってしまう。

しかし「農林商工等連携ビジョン」をまとめつつあった僕は、村ごとの個性で勝負するイタリアにすっかりかぶれていたので迷いはなかった。飲食店の経営などまったくの素人、ド素人だったが「邑南町役場が日本史上最高の地産地消レストランをつくる！」と勢い込んだのだ。

ただ役場の直営となると料金などすべて条例化する必要がある。そんなことは現実的には無理だから、まずは、仕組みをつくることから始めた。

法人格をもっていなかった観光協会を一般社団法人として登記し、組織を強化した。僕が本庁の商工観光室に異動した二〇〇六年（平成一八年）、観光協会の法人化を目標として掲げていたが、六年かけてやっと実現したことになる。

会長には町長が就き、事務局に浅井くん、レストランスタッフに「Oh！プロジェクト」の川久保さん、河野くん。そしてシェフを全国公募したのである。

二〇一〇年（平成二二年）一〇月、東京の洋食レストランのシェフだった藤田謙治《ふじたけんじ》くんが公募に合格、翌年一月にはレストランの料理長候補として邑南町に転居してきた。だが、レストランの開業計画など、具体的なものは何もない。関係者のみんながビジョンを着々と理解してくれて、〈A級グルメ〉構想の方向へ進みつつある（であろう）ことだけが頼りだった。

店舗はどうする

しかし、具現化となるとなかなか上手くいかないものだ。スタッフも揃いつつあるのに、肝心の店舗が見つからなかった。

プロジェクトはたとえ構想がよくても人材、場所、お金のほか、いろいろな要素がそのタイミングでバッチリはまらないと、成功はおぼつかない。このタイミングを調整するのがプロデューサーの仕事なのだが、当時の僕の力量はまだまだ不足していた。

週末はスタッフ総動員で、東京でのレストランイベントや町内でのイベント、平日は役場での事務処理という日々が続くと、さすがにみんなの堪忍袋の緒が切れてしまう。

「僕は料理をつくりにこの町に来たんですよ！　いつまで役場の事務仕事をさせるんですか！」

予想通りというか、藤田くんは怒り心頭だ。

せっかく苦労して揃えたスタッフなのに、肝心なシェフが東京に帰ってしまえば「産業を振興して、定住できる町を目指す」というビジョンも、そのためのA級グルメ構想も、観光協会の法人化もすべて無駄になってしまう。

人間、崖っぷちに立つと思いもよらない行動に出るものである。

僕は、役場内で仕事をしている日は、いつも役場前のスーパーに入っている食堂に昼食を食べに行く。その日、たまたま居合わせた食堂のオーナーに「ここで、レストランやらせてもらえませんか？」と唐突にお願いしたところ、なんと天の助けのような答えが返ってきた。

「食料品の販売もやっているから、この店は誰かに任せたくて！」

食堂のオーナーにとっても渡りに船だったらしい。さっそく役場に帰って課長に相談した。

「いきなり『レストランが見つかったからやりたい』と言われても。収支の試算はどうなんだ？　赤字を出さず、継続的に経営できるかどうか、よく検討してみなさい」

という指示。そりゃそうですよね。僕は意気込んで試算表をつくった。

当面、シェフやスタッフの人件費は、役場が観光協会に補助する形になっているので心配しなくて済む。人の集まるスーパーの一角という立地条件だから、来客数の予測も立てやすい。売上の見込みに対して、食材費、光熱費などの経費を計算すると十分いけそうだ。課長も納得してくれて、いよいよ事業が走り出すことになった。

「農林商工等連携ビジョン」の策定が三月、レストランの開業予定は二か月後の五月という、常識では考えられない速さ、というか準備期間の短さである。

そのスピード感にも増して、もっと速かったのは「役場が目の前のスーパーの食堂でレストランをつくる」という噂である。今のツイッターよりも速く、口コミが駆け巡った。

いきなり二店舗で開業を決意

噂は当然、町内のある人たちの耳にも入っていた。邑南町いちばんの観光地、「香木の森公園」の近くに、酒蔵を移築したレストランがある。このレストランを運営する共同経営者の耳にも届いたらしく、来庁した彼らから、意外な申し出が飛び出した。

「レストランをやるなら、ウチでやってくれませんか？」

僕も何度も食事に行っているので、このレストランが素晴らしい造りなのは、よく知っている。今も邑南町には、玉櫻、池月、加茂福という三つの酒蔵があるけれども、過去にはもっとたくさんの酒蔵が存在していた。「立派な建物を失くしてしまうのは惜しい」と町内の人が共同出資して、観光地の香木の森公園に移築してレストランを開いていたのである。

柱の一本一本が太く、内装も重厚感があり雰囲気がよい。ただ当時は、ごく普通の定食屋さんとして営業をしていたので、少しもったいない感じもしていた。

必死になって物件を探したときにはなかったものが、噂が流れると数日のうちに情報が入ってくる。田舎のネットワークのすごさを感じた。

僕はこのとき、ノドから手が出るほど、この店で開業したかった。が、先約がある。悔しいが断るしかないと思って話を聞いていた。もちろんその場では、返事はしなかった。

ほどなく、川久保さんが言い出した。

「寺本さん、お店の話、スーパーのほかにも候補があるってみんなが噂してるよ！　スタッフはみんな、『香木の森公園』のほうでやりたいと言ってるよ」

どこまで、この町の人は耳が早いんだ！　僕自身、たくさん観光客が来る香木の森公園で開業したいのが本音だが、約束を破るわけにはいかない。

数日、悩み続けた結果、僕は結論を出した。二つの店を開くことにしたのである。「香木の森公園」の酒蔵レストランは、邑南町を代表するレストラン。スーパー内にある飲食店は料理人を希望する人の研修するためのレストラン。スーパー内の食堂オーナーとの約束と、「Oh!プロジェクト」のスタッフの希望も叶えるための両面作戦だった。

とくに東京から料理長の座を投げ打って来てくれた藤田くんには、もっともふさわしい地産地消レストランで腕を振るって欲しかった。

役場内では、スーパー内の飲食店でオープンする承諾を得ていたが、二店舗同時にオープンするとなると、それなりの理由がいる。「農林商工等連携ビジョン」に食の人材育成を実施していく計画があったから、これを実行するための店舗にすることにしたのだ。

二店舗で収支予測を練り直し、役場内の決済を受けたのが三月で、オープン予定は五月。二か月後に二店舗を同時オープンとは無謀な計画だが、そこが素人の強みである。「知らないことが幸せ」とはよく言ったもので、怖さはあまりなかった。

六〇日で店を立ち上げるにあたり、まず決めないといけないのは店舗名だ。

「香木の森公園」にある酒蔵を移築した食堂は、「味蔵」という特徴を十分に活用したネーミングだった。何より、移築までして蔵の建物を存続させようとした前経営者の熱意をなんとか受け継ぎたいと思い、名前はそのまま残すことにした。

ただし、さすがにイタリア料理店なので横文字にさせてもらい、素材をそのまま活かし〝食の香りをつくる場所〟というサブタイトルの要素を加えて「素材香房ａｊｉｋｕｒａ」とした。またスーパー内の食堂は、農業から料理までを勉強する料理人の研修の場として、『耕すシェフ』の実験レスラン　プチａｊｉｋｕｒａ」とした。〝実験レストラン〟と言えば、お客さんを実験台にするようなイメージをもたれかねない危ないネーミングだが、僕はかなり気に入っている。

二店舗を同時運営するため、当初の想定より多くのスタッフが必要になる。「素材香房ａｊｉｋｕｒａ」の中心になるのは、料理長の藤田くん、ホール責任者はソムリエの河野くん、スイーツ担当は川久保さん。「プチａｊｉｋｕｒａ」は藤田くんが指導しながら、当面はアルバイト対応。秋からは、店名にも掲げている「耕すシェフ」たちを配置しようと考えた。

「耕すシェフ」研修制度を構想

「耕すシェフ」とは、この年（二〇一一年）の秋から始めようとしていた研修制度だ。

都会に住んでいて農業や食に関心のある人が、邑南町の豊かな食材をつくり、使いながら三年間学んでもらおうというもので、総務省の「地域おこし協力隊」制度を活用している。だが、ここはあえて「耕すシェフ」というネーミングにした。

「地域おこし協力隊」は、都市から過疎地域に住民票を移し、地域おこしの支援や農林水産業への従事など、地域への協力活動をしながら、最終的には定住・定着を図るという取り組みだ。任期は最長三年で、この間、国からお金が出る。

この制度、当時はまだ始まったばかりだったのだが、全国の事例をみると、地方のデマンド交通（乗り合いバスなどで、利用者がそれぞれ乗車を予約し、乗り場や行き方もエリア内で指定できるシステム）の運転手や中山間地域の草刈り、観光協会や役場の臨時職員といった役割が多く、任期が終了した時点で、定住になかなか結びついていなかった。こうした仕事では、その後の生活ができる収入源が確保されなかったからだ。

一方、この「耕すシェフ」は、将来はプロフェッショナルとして、邑南町で食と農のビジネスを開業することを目指してもらう研修制度である。

飲食店が増えれば地域経済は活性化するし、農業者にとっても自分のつくったものが地元で売れればメリットが大きい。究極の農林商工連携だ。その実践研修の場として想定したのが「素材香房ａｊｉｋｕｒａ」と「プチａｊｉｋｕｒａ」だった。

実は、「役場で地産地消レストランをつくろう！」と意気込んだ段階では、まだ「地域おこし協力隊」制度の活用や、「耕すシェフ」というネーミングは浮かんでいなかった。

のである。

「素材香房ａｊｉｋｕｒａ」「プチａｊｉｋｕｒａ」の計画が進展していく中で、発想した「耕すシェフ」が研修期間後、起業して観光客を呼び込んでくれることになれば、目標（ＫＰＩ）は十二分に達成できるという予感がした。これなら僕たちがつくった「農林商工等連携ビジョン」は絵に描いた餅には終わらない。そう確信した（「耕すシェフ」の研修制度は二〇一六年にグッドデザイン賞も受賞することになる）。

ところで「耕すシェフ」のネーミングは、鶴岡で「アル・ケッチァーノ」のスタッフが、自分たちが料理で使う野菜を栽培している姿を見て連想したネーミングだ。我ながら傑作だと自画自賛している。

僕には「このレストランは、開業前から全国で話題になる」という確信があった。地産地消レストランなら当時もあった。しかし、イタリア料理店はかなり少なかったことに加え、何より役場のつくったレストランで料理人の人材育成を行うという話題性は、マスメディアが放っておかないと思ったからだ。

ヨーロッパでは、地方に料理人が定住するのは当たり前だという。だが、日本では一流の料理人を目指すなら、都会で勉強するのが当然で、邑南町のような片田舎で勉強するという考え方はまったくない。そんな常識を覆すような取り組みは、必ず興味をもってくれる人がいて耳目にとまるはずである。

行政が陥りがちな失敗パターン

ここまで店のコンセプトが固まっていたら、後は食の専門家がいるから、なんとかなる。そんなふうにタカを括っていたのだが、オープンまであと三〇日と迫っても、メニューの内容や食器、料金設定などすべてがまったく決まらない。

なぜ決まらないのか、当時はわからなかったが、今なら理解できる。

要するに、みんな自分で決めたくないのだ。町が運営するレストランの最大の欠点は、「他人任せ」「責任逃れ」になることだ。最高決済者の町長は、町のトップとして数え切れないほどの業務を抱えているから、レストラン事業の詳細まで管理するのは不可能だ。当然、町の担当セクションが管理するわけだが、経営にしろ料理にしろ専門知識があるわけではない。

ならばと、現場の料理人にすべて任されてしまうとどうなるか。料理人は自分がオーナーというわけではないから、自分でズバズバ決めることもできず、判断に困る部分が非常に多いのである。これが、行政が関わる観光施設やレストランがよく陥る失敗パターン、負のスキームなのだ。

華々しくコケるのではない。じわじわと失敗へと進んでいくから恐ろしい。

危うく僕も、この負のスキームに陥るところだった。ただ救われたのは、過去に「みずほスタイル」を手がけた経験があったことだ。

役場であろうが、民間であろうが、組織内でコンセンサスを得て事業を進めるため、報告・連絡・相談は必要だ。しかし、もっとも大事なことは、担当者の意思である。「みずほスタイル」の上司だった三上係長が教えてくれたことだ。

担当者が意思をもたず、上司に判断を委ねると、まず事業は上手くいかなくなる。その事業や現場にいちばん精通しているのが担当者なのだから、おおよそ間違った判断はしないと僕は思っている。担当者が意思をもった上で、情報を組織内で共有すれば、担当者が気づかなかった盲点を、上司が必ずフォローしてくれる。少なくとも、僕が一緒に仕事してきた上司はみんなそうだった。

今回のレストラン事業も、担当者である僕の意思で始まったのだ。「みずほスタイル」のときと同じように、すべて自分でやりきろうと、この時点で覚悟を決めた。

とくに「素材香房ａｊｉｋｕｒａ」は自分の意思をとことん貫いた。地元食材を使うのは当然として、都会のイタリアンとは差別化を図りたかったので、できる限り素材の形がテーブルの上でお客さまにわかるようにした。もちろん素材の味はしっかりと伝わる料理にする。

値段はランチのコース料理で二〇〇〇円弱に設定した。予算がなかったので、お皿も高級なものは買えないが、見た目の悪いものは使いたくない。だからスタッフと広島市内の食器店に出向いて、すべて自分の目で納得のいくものを選んだ。

内装はほとんど変えなかったが、食器棚などは、昔から邑南町で使われていた古いものを探し出して、アンティークな雰囲気をつくった。エアコンなどメカっぽくて風情のないものは、店の雰囲気に合わないので間伐材《かんばつ》で囲った。

エアコンの風が出る部分まで囲ってしまってスタッフに怒られたのは、笑い話のようだが本当にあった話である。二軒とも僕とスタッフによる手づくり感満載のレストランになったが、なかなか雰囲気よく仕上がった。

オープン直後から行列ができる店に

「プチａｊｉｋｕｒａ」のオープンは五月一日に決まった。藤田シェフの誕生日らしい。ゴールデンウィークはスタッフもてんやわんやだろうと想像して、「素材香房ａｊｉｋｕｒａ」のオープンは約二週間後の五月一三日に決めた。

五月一日、「プチａｊｉｋｕｒａ」の初日は「Ｏｈ！セレクション」の審査員であった黒越シェフもヘルプに来てくれた。世界料理オリンピックの金メダリストがスーパーの一角にある食堂でコック帽をかぶって調理する姿はかなり違和感があったが、ただただ感謝するばかりだった。僕は本当に人に助けられている。

そして五月一三日、本格イタリアンの「素材香房ａｊｉｋｕｒａ」がオープンした。ランチのコースで二〇〇〇円弱という価格設定は、東京などの大都市と比べると破格に安いが、邑南町ではかなり高めである。果たして本当に人が来るのだろうか、まさか「みずほスタイル」のように何週間もお客さんが来なかったら……と、不安がよぎる。

オープン直前、店に町長が訪れて声をかけてくれた。

「なかなかいい店になったじゃないか」

町長は自分で山形の「アル・ケッチャーノ」を訪れるくらい、食に興味をもっている。たくさんのレストランを見てきている目利きの町長に誉められて、僕はやっと少し安心した。

一一時三〇分、まず二人組のお客さまが入って来てくれた。平日にもかかわらず、その後も次々とお客さまが入ってくれて、あっという間に満席になった。この二か月の準備期間中に知って、興味をもってくれたのだろう。リアルなお店とネットのような仮想の世界とは違うのだなぁと思った。

初日は上々の滑り出し、そして次の日もその次の日も、たくさんのお客さんが来てくれた。客席は三〇席だが、ランチタイムで二回転以上、七〇人のお客さんが来てくれた日もあった。土日は僕も呼び出され、皿洗いの手伝いをする機会も多かった。週末、店の前には行列ができているほどだったのだ。店のコンセプトでは「落ち着いた雰囲気でゆっくり食べてもらう」はずだったのだが、「行列のできるラーメン店」のようだった。夜の予約も増えてきて、僕はまたまた有頂天になった。

スイーツ担当の川久保さんから、きつい言葉を浴びせられたのはそんなころだった。

「スタッフは疲れ果てとるよ。寺本さんは指示しているだけだから気楽なもんだけど、現場は大変なんだよ！　早くスタッフを補強してよ」

うすうす僕もわかってはいたのだが、都合の悪いことは見えないことにして現実逃避していた。なんとかアルバイトを三人確保すると、店は順調に営業できているように見えた。

僕が次にする仕事は「耕すシェフ」の全国公募である。七月に試験をして、一〇月一日から研修制度をスタートさせる予定だ。

この募集をした途端、予想通り多くのマスメディアから取材の依頼があった。取材の件数に比例して店の売上も右肩上がりをキープしていた。

「耕すシェフ」第一号、安達さんの奮闘

「耕すシェフ」の募集を始めてまもなく、一通の応募用紙が届いた。封筒を開けてみると、僕がこの研修制度を構想したときにイメージした通りの女性の履歴書が入っていた。

彼女は神奈川県横浜市の出身で、東京のＩＴ関係の会社で働き、食の世界に興味をもっていて、邑南町で学びたいと――。僕は「耕すシェフ」について取材を受けるたび、東京で働く若い女性を想定して話していたから、まさにど真ん中のストライクだった。

彼女が応募してくれたことで、「耕すシェフ」のイメージが伝わりやすくなる。僕の中で、この制度が成功するだろうという予感が自信へ、そして確信へと変化していった。

二〇一一年（平成二三年）一〇月、安達智子《あだちともこ》さんは邑南町にやってきた。彼女は「耕すシェフ」の働きを十分過ぎるくらいに果たしてくれた。

安達さんの貢献は何と言っても、〝よそ者目線〟で、町に地域の誇りを取り戻してくれたことだ。小・中・高校に出向いて、課外授業に積極的に取り組んでくれた。いちばん印象に残っている授業は、中学校で語ってくれた彼女自身の体験談だ。

「私が邑南町に来ていちばん驚いたことは、枝豆にあるウブ毛の存在を初めて知ったことです」

と、子どもたちに話し始めた彼女。横浜のスーパーで売っている枝豆は、ツルっとして

いて、ウブ毛はないそうだ。それは、地方から輸送される間に新鮮さを失い、ウブ毛がなくなることを意味している。こうした新鮮な食材を食べられる喜びは、地方に住む人間の特権だ。でも邑南町で暮らす自分たちはその特権さえ、当たり前過ぎて気づかない。そんなことを子どもたちだけでなく、僕自身が教えられた。


その年の五月、二つの町主導のレストラン「ａｊｉｋｕｒａ」がオープンして、たくさんのお客さまに来ていただいた。とてもありがたいことに、毎月、来客数は増えていったのだが、一方で町の人の「ａｊｉｋｕｒａ」に対する評価はどんどん厳しくなっていった。

「町がレストランを開いて繁盛させるなんて。民業圧迫だ」と、町内の飲食店。

「わしらが普段、食べる料理はナイフやフォークを使う洋食じゃない。昼から二〇〇〇円も出して、誰が食べに行けると言うんか」と憤る農業者。

「高級食材である石見和牛肉やキャビアなど、一部の生産者ばかりを町が優先的にＰＲしている。全体的な取り組みとして〈Ａ級グルメ〉構想が浸透していない」

などと町議会の評価も散々たるものだった。

こうした批判は、僕の耳にも痛いほど入ってきた。当然、安達さんの耳にも入っていたことは間違いない。そんな中、彼女はみんなの不信感を全力で払拭しようとしてくれた。

その一つが彼女の企画した「農家ライブ」だ。

これは野菜農家を「素材香房ａｊｉｋｕｒａ」に招待し、一般のお客さんの前で、安達さんが野菜づくりにおけるこだわりをインタビュー形式で尋ねる。さらに、農家自身がホールスタッフとして、自分が育てた野菜を使った料理を配膳、お客さんの反応に間近に接するというもの。農家と「ａｊｉｋｕｒａ」の信頼関係の基礎を構築してくれたのだ。

また、「ａｊｉｋｕｒａ」の定休日に、町の地域活動で頑張っている人を招いて対談を行い、これをインターネットの動画放送で情報発信してくれた。

ビジョンの策定からわずか二か月後にオープンという〝快挙〟に舞い上がっていた僕は、町の人のコンセンサスを得る前に走り出していた。そんな失策を、安達さんは必死に挽回してくれたのである。

シェフのバトンタッチ

オープンして秋までは順調に売上を伸ばしていった二つの「ａｊｉｋｕｒａ」だが、一二月になり雪が降り始めると、ぴたりと客足が途絶えた。広島方面から来るお客さんは冬用タイヤをもっていないのだ。

邑南町には西日本最大級のスキー場「瑞穂ハイランド」がある。冬期、町中《まちなか》でも二〇～三〇センチくらいは平気で積雪するのである。

その雪を目指して、一〇万人以上のスキーヤーが訪れるのだから、「ａｊｉｋｕｒａ」を利用してくれるはずだと僕は楽観していたのだが、期待は大きく外れた。スキーヤーは滑りに来ているので、大半の人たちは食べることにはあまりこだわらないのだった。

春になれば客足は戻るはずだが、年間を通しての売上が予測より下がるかもしれないな、と思い始めた折も折、シェフの藤田くんが僕に打ち明けた。

「将来の起業を目指すために、半年後を目安に『ａｊｉｋｕｒａ』を辞めようと思います」

「ａｊｉｋｕｒａ」で自分の料理に自信がついて、いつかは自分の店をもちたいという思いがどんどん強くなっていったのだと言う。藤田くんの顔はいつもより辛そうだが、はっきりと決意した様子があった。自分の腕前と味覚で勝負する料理人は、一つの場所に居着かないものだと知ったのはこのときだ。

生涯、同じ組織で勤めることを疑わない公務員の世界にいた僕には、大きなショックだった。

冬期の客足が伸びず、売り上げが予測より下がりそうなのに、料理長までいなくなってしまうと「ａｊｉｋｕｒａ」の存続はたちまちピンチに陥ってしまう。レストランの業務自体が回らないし、「耕すシェフ」の研修生は指導を受けられなくなって、このスキーム自体が崩れてしまう。

オープンして一年も経たずに直面した危機だった。なんとか上手く運営できるようにしなくてはいけない。僕はすがるような思いで、ＡＮＡクラウンプラザホテルの黒越シェフに相談した。

普段から超多忙な黒越シェフなのに、支援体制をつくってくれた。黒越シェフと二人のスタッフで計三名が、週三日ほど「素材香房ａｊｉｋｕｒａ」と「プチａｊｉｋｕｒａ」にヘルプに入ってくれたのである。これは本当に助かった。

しかも、黒越シェフと一緒に来たスタッフの一人は、邑南町出身の三上智泰《みかみともひろ》くんだった。ルックスが素晴らしく素敵なことに加えて、彼のつくる繊細な料理には、皿に並べた食材で一枚の絵画を描いているような芸術的な美しさがあった。

彼の料理に心を奪われた僕は、邑南町に帰って来て後任のシェフになって欲しいと懇願した。彼は広島に家族もいたから、かなり無茶なお願いだったのだが、一大決心で、帰郷と二つの「ａｊｉｋｕｒａ」の料理長就任を決断してくれた。

二〇一二年（平成二四年）九月、「ａｊｉｋｕｒａ」二代目シェフとして三上くんが就任、藤田くんもこれで心おきなく次の道に進めると安心していた。

トマトを使わないイタリアン

三上シェフのつくる料理の素晴らしさは、ルックスも相まってまたたく間に評判となった。春になったころには昨年にも増して町外から多くのお客さまが戻って来た。彼の料理は、多くのグルメ番組（ローカル番組のみならず全国放送でも！）で紹介されるようになって、お店自体が一段階グレードアップしたようだった。

三上シェフは、農家から「ａｊｉｋｕｒａ」に届いた野菜を見てからメニューを決める。だから冬はとくに面白い。イタリアンでありながら、トマトを使わないのである。お客さんから「トマトは使わないの？」と聞かれると、彼は嬉しそうに答える。

「今の季節、邑南町ではトマトは収穫できないので、あえてトマトを使う必要はないんですよ」

彼のポリシーは旬菜旬消なのである。その理念は、彼が邑南町出身であり、幼いころから両親やこの地域から自然や食材の摂理を教えられて備わったものだった。

まったく彼のカリスマ性には驚異的なものがあり、東京から「ａｊｉｋｕｒａ」を訪れ、三上シェフの料理に感動したという編集者からレシピ本を出版したいと打診された。

一瞬、僕は「レストランがレシピを公開しては元も子もないじゃないか」と思ったが、「ａｊｉｋｕｒａ」は食材のよさで勝負している。料理人の技術だって一流だ。プロの料理人でも簡単にマネができるわけがない。

となると逆に、レシピを公開した方が信頼性が打ち出せるのではないかと考えて、三上シェフにレシピ本にチャレンジしてくれないかと依頼した。

彼はかなり悩んだみたいだが、もっているアイデアをすべて公開してくれ、『おいしいものをおいしく食べるａｊｉｋｕｒａレシピ』（辰巳出版）として二〇一三年（平成二五年）一〇月に発売された。「美味しいものは地方にあって、本当に美味しいものを知っているのは地方の人間だ‼」というコンセプトを、レシピを通じて広くアピールしてくれたと思う。

「素材香房ａｊｉｋｕｒａ」は、この年、在日イタリア商工会議所による「イタリアンレストラン品質認証」を、中国地方のレストランでは唯一取得するまでにグレードを上げていった。

僕だって立ち止まって考える

邑南町の素晴らしい食材を見事に使いこなす三上シェフの料理は、広島でも東京でも、全国どこに出しても引けを取らない。「素材香房ａｊｉｋｕｒａ」は、多くのマスコミに取り上げられて、アクセスの不便な田舎にありながら予約の取れないレストランとなっていった。

幸いなことにオープン以来、売上が少なくて悩んだことは一度もない。確かに冬場は来客数が減るものの、本物のイタリアンレストランとして、年ごとにステップアップできていた。輪をかけて「耕すシェフ」の研修制度という社会的意義のある取り組みが話題性を呼んで、集客につながっていたのである。

「素材香房ａｊｉｋｕｒａ」の評価は非常に高かったが、僕にはスタッフが「正当に料理を評価して欲しい」とフラストレーションを抱えているように感じた。

というのも、マスコミに紹介されるときはとくに、町主導のレストランで料理人を育成して若者の定住につなごうという「耕すシェフ」の研修制度や、そのコンセプトばかり先行評価されて話題になっていたからだ。

しかも繁盛すればするほど、「耕すシェフ」は店のスタッフとして力を注ぐことになる。本来の農業研修や、料理技術を学ぶための時間が減ってしまう。

二〇一一年一〇月から始まった「耕すシェフ」の研修制度だが、三年経った時点で起業を準備している研修生は一人もいなかったから、産業振興にはほど遠い。それどころか、志半ばで邑南町を去る者も少なからず、いた。

「ａｊｉｋｕｒａ」の売上も大事だが、邑南町に希望をもって来てくれた若者たちの人生にも責任をもたなくてはいけない。両者の狭間で、僕は葛藤するようになっていた。

私は見た！
寺本英仁の
ビレッジプライド
3

売り上げを大事にする
民間的な感覚と、
公務員らしい
公平性のバランスが
とれている人

有限会社アイネット 専務取締役

砂田秀人《すなだひでと》さん

島根県江津市出身。大阪のＩＴベンチャー企業を経て結婚を機に江津市にＵターン。邑南町のネットショップ「みずほスタイル」でウェブサイト制作に本格的に参入した。

「特産品の販売をするネットショップを作りたいんで、相談に乗ってもらえん？」と寺本さんに言われたとき、私はあまり信じていませんでした（笑）。

ネットショップを作るとなると、普通は課長さんが出てきたり、入札の話になったりすると思うんですが、寺本さんの待ち合わせはいつも「道の駅」やいろいろな生産者のところでした。玉櫻酒造に行って、玲子さんにお昼を出してもらってメロンまで食べて（笑）……。そりゃ信用するのは難しいですよ。弊社の社長も「騙されているんじゃないか?」と心配していたくらいですから。

そんなことをしながら、寺本さんは石見和牛肉について熱く語る。自分が撮った水中写真を自慢するのと同じ情熱なんです。私をいろいろな生産者のところに連れて行ったのも、机上で説明するのではなくて、目で見て知って欲しかったのだなぁと今ならわかります。邑南町が大好きで、自分の大好きなものを子どものように自慢したかったのでしょう。

島根県江津市出身の私は、大学を卒業後に大阪のITベンチャーで働いていましたが、結婚を機にUターンして、ちょうどウェブサイトの仕事を始めようとしていたときで、私も駆け出し、寺本さんも観光係の駆け出しというタイミングでした。だから「騙されてもいいか」みたいなノリで引き受けたんです。

それまでは、行政がネットで地元の産品を紹介するとなると、公平性と平等性が先立って、地元の業者は全部を同じように載せるのが当たり前でしたから、特長あるものだけを集めたこと自体、画期的でした。寺本さんだからできたことだと思います。

それでも「みずほスタイル」がスタートして、寺本さんは役場の内外からかなり責められたのではないかと思います。商品の間で売上の差がついてしまったし、そもそもネットショップに加わっていない生産者もいる。でも寺本さんは、ネットで売れにくい商品はイベント会場で声を枯らして売り、ネットから町全体への波及効果をつねに心がけていました。だから、次々にアイデアを繰り出していったわけです。

民間的な売上を大事にする感覚と、公務員らしい公平性のバランスが取れている人だなぁと、当時から私は感心していました。

第5章　自己資金なし!?「0円起業」のひみつ

「食の学校」を設立

「ａｊｉｋｕｒａ」で研修して、将来は邑南町に店を出して定住してもらえればいい、と一石二鳥を目論んでいたのだが、さすがにそれは甘かった。

「耕すシェフ」たちにヒアリングしたところ、予想通り「『ａｊｉｋｕｒａ』では、日常業務の中に入ることになるので、同じ仕事ばかり続いて勉強できない」という意見が多かった。やはりレストランとは別に学ぶ場をつくる必要がある。

「耕すシェフ」を単なる労働力にしてはいけない。その思いで、二〇一四（平成二六）年に立ち上げたのが「食の学校」だ。

校長には、日本初の世界料理オリンピック金メダリスト、黒越勇シェフに就任してもらった。「Ｏｈ！セレクション」や「ａｊｉｋｕｒａ」の運営でもお世話になってきた黒越シェフは、ちょうど広島のＡＮＡクラウンプラザホテルを退職されたタイミングで、僕としては本当にラッキーだった。

担当職員は「素材香房ａｊｉｋｕｒａ」でスイーツを担当していた川久保さんにお願いした。彼女が後任を見事に育て上げる様子を見ていて、人に教えることが向いているように思えたのだ（事実、彼女が教えた女性が二人、町内でスイーツ店を起業している。さらに地元の矢上高校でまったく経験のない生徒たちを指導、「スイーツ甲子園」中四国大会で二年連続の優勝に導いた！）。

場所は廃園になった保育園を改修した。冒頭の章で述べたように、「食の学校」には、町の人みんなが邑南町の食材を使って学べる仕組みもつくった。子どもたちが黒越校長から直々に教わる「キッズシェフコース」もあるし、町の人が自主的に学んで、「道の駅」などでのちょっとした「お小遣い稼ぎ」に役立てているような研究会もある。

そして「耕すシェフ」のためのプロフェッショナルコース。これに僕は、専門性の高い講座にするため徹底的にこだわり抜いた。研修制度をより進化させて、食に携わるプロとして邑南町で開業してもらうにはどうすればいいのかという大命題があったからだ。

各地の超一流シェフから直接学ぶ

「ａｊｉｋｕｒａ」で実地を踏む機会はある。だが、本当に集客力のある個性と実力を、どうやって身につければいいのだろう？

そんな視点から生まれたのが、全国で活躍している一流シェフ、スターシェフを「食の学校」に招いて実施する授業だった。グループレッスンも行うし、ときには個人レッスンまでしてもらって、その一挙一動に間近に学ぶのだ。

当然、この講座の実現は至難の業だった。「耕すシェフ」にヒアリングして、「この人に習いたい！」という声の上がったシェフを直接訪ねて、講師の依頼をした。

「店が忙しくて講師には行けない」

人気店ばかりだから、まずそんな返事ばかりである。

「引き受けてもいいけど、店を一日休んで行くのだから、休業補償をして欲しい」と言われることもあった。一日の休業補償となると三〇万円は下らないのに、そんな予算はどこにもない。謝礼金は町で決められた基準でしか支払えないので、びっくりするくらい低額なのだ。

それでも僕は、今まで「素材香房ａｊｉｋｕｒａ」を全国でも有数の地産地消レストランに成長させてくれた「耕すシェフ」たちのため、なんとか恩返しをしたくて、懸命に交渉を続けた。一二月の冷え込んだ夜、レストランの営業が終わるまで店の前で待って、シェフたちに話を聞いてもらった。

「飲食店の人材不足は全国的な問題です。これは通常の営業に追われ、人材育成の部分がおろそかになっているからでしょう。私たちのこの取り組みは、近い将来、彼らを飲食業界で起業させることで恩返しします。どうか月に一日でもいいから、若者たちに教えてやってくれませんか」

素人ながら「ａｊｉｋｕｒａ」の担当者として痛感した問題点をシェフたちにぶつけて真剣にお願いした。シェフたちも、料理業界の人材不足を現場でしみじみ感じていたようで、次第に僕の話を聞いてくれるようになった。

とうとう五人のシェフが「イタリアン・プロコース」を受けもってくれた。名前を記して感謝の気持ちを表しておきたい。

まず、僕がこのレストラン事業を始めるきっかけになった、日本の地産地消イタリアンの先駆け、山形県鶴岡市「アル・ケッチァーノ」の奥田政行シェフ、広島市で評判の広島サンルートホテルのイタリアン「ヴィアーレ」の谷口誠治《たにぐちせいじ》シェフ、やはり広島市の一軒家レストランの名店「スペランツァ」の石本友記《いしもとともき》シェフ、島根県松江市で高く評価されている「アルソーレ」の小田川浩士《おだがわひろし》シェフ。そしてもちろん「ａｊｉｋｕｒａ」の三上智泰シェフだ。

奥田シェフには、初めてお店に行ったときには会えなかったが、その後、何度もコンタクトを取るようになり、このプロジェクトに共感してくれて参加してもらえることになった。東京ほか各地に店をもつ奥田シェフの場合、毎月来てもらうスケジュールは難しかったが、ほかの四人が月に一回担当してくれれば、毎週、授業が開催できるのである。

指導方針や、教えている内容の進捗状況など、一流のシェフたちがお互いＳＮＳなどで報告しあって確認できるシステムもつくった。

このプロフェショナルコースでは、まず「耕すシェフ」たちが、その時点でつくることのできる範囲でコース料理をつくり、担当のシェフに試食してもらってアドバイスを受ける。その後、それぞれの力量に応じて、個人指導があり、その成果を「ａｊｉｋｕｒａ」で試すという流れになる。

こうした講座を導入するとともに、料理人の徒弟制度も取っ払った。誰もがメインシェフの仕事をするし、手が空いていれば、実力も名声もあるシェフが皿を洗う。奥田シェフも現場でそうしているのを見て、僕は「我が意を得たり！」という気持ちだった。

起業者続出につながった「実践起業塾」

「食の学校」にプロフェッショナルコースを設置したことを契機に、卒業生の店が誕生するようになった。蕎麦職人の養成を目的とした講座も用意したので、「耕すシェフ」の一人はこの講座を経て、邑南町内で蕎麦屋を起業している。

現時点（二〇一八年一〇月）では、〈A級グルメ〉事業による店は一〇店にまで増えた。想定以上の成果と言っていい。それだけではなく、地元の人たちの起業が進んでいる。

「農林商工等連携ビジョン」の目標は「五年間で五名の起業」だったが、検証期間である二〇一五年の段階では、目標を大幅に上回る四三名もの起業が実現した。近隣の市町村では飲食店が激減、起業が一向に増えない中で、邑南町だけは若者がやってきて、そこで仕事をつくり、人を呼び込んでいる。町はまさに生まれかわりつつある。

起業者が現れなかったころ、僕は苦い経験をしている。「耕すシェフ」として飲食店の起業を目指した若者から、諦めて都会に帰る際、こんな厳しい言葉を聞かされたのだ。

「Iターン者が田舎で起業を目指しても、親兄弟のような地縁者がいないと、レストランを建てるのに必要な土地も、なかなか貸してもらえない。月額一七万円ばかりの研修費を支給されても、生活するのに精一杯で、起業に必要な資金を貯めることなんてできませんよ！」

言葉を返せなかった僕に、彼は心の中を洗いざらいぶつけた。

「公務員で安定している寺本さんには、僕たちの生活や気持ちなんてわかりませんよ。『ａｊｉｋｕｒａ』が総務大臣表彰されたといっても町が有名になっただけで、僕たちにはなんの恩恵もない。結局、僕たちは『ａｊｉｋｕｒａ』をメジャーにするために、使われただけですよ！」

彼の本音だったと思う。しかし正直なところ、相当へこんだ。いつもポジティブシンキングな僕でも、しばらくは声も出せなかった。

だが、あのときの彼の言葉が「食の学校」の設立につながり、起業希望者を支援する「実践起業塾」の開催にもつながってきている。

起業が難しいのは、彼が言っていたように資金が不足しているから、そして信用を得にくいからだ。さらに事業計画をはじめ経営知識を身につける機会がないことも、起業のハードルを上げている。そう考えて僕は、地域の日本政策金融公庫を飛び込みで訪ねた。

お金を借りに行ったのではない。

「邑南町で、新規開業を目指す人のための起業塾を開催してもらえませんか？　事業の進め方や資金のことを教われば、『やってみよう！』という人が増えます。そして、しっかりした事業計画をつくり上げた人には、資金を融資して欲しいんです」とお願いをしたのだ。

日本政策金融公庫に加え、地元の金融機関のしまね信用金庫、山陰合同銀行もすべて協力してくれた。こうして金融機関・商工会・行政がタイアップして、二〇一五年（平成二七年）から、町の起業希望者を支援する「実践起業塾」が始まった。

ここでは一年間、定期的に講座を受け、金融機関や商工会の経営指導員からアドバイスを直接もらいながら、事業計画を立てることができる。最終的に事業計画をプレゼンして認められれば、無担保、無保証、借入限度一〇〇〇万円で金利2％以内という好条件で融資が受けられる。開始から三年で、実際に事業計画をつくり融資を受けた案件が三件、出てきている。そんな破格の好条件に、

「0円起業」という快挙

僕が最近、いちばん印象に残った「耕すシェフ」の開業事例を紹介しよう。なんと自己資金なしという「0円起業」のケースである。第1章で少し触れた通り、これは地域の人たちが資金を出し合ってつくった合同会社が店舗物件を用意して、研修の一環として「耕すシェフ」を迎え入れたことで実現した。

後に「0円起業」することになる寺田真也《てらだしんや》くんとの出会いは、二〇一六（平成二八）年だった。兵庫県姫路市のレストランで働いていた彼は、テレビ番組で邑南町の「耕すシェフ」の取り組みを見て応募してくれたのだ。彼は四月から邑南町にやってきて、第六期の「耕すシェフ」研修生になった。

当時、寺田くんは三六歳。年齢のわりに童顔で、雰囲気に流されやすいところがあるのかな、思ったことを言えないタイプかな、という印象だった。ところが研修が始まってすぐ、そんな印象を一転させる出来事が「耕すシェフ」のミーティングで起きた。

「『ａｊｉｋｕｒａ』のジェノベーゼのパスタは、自分が姫路で働いていたイタリア料理店とは違う感じがする」

寺田くんは、思ったままを口にした。「素材香房ａｊｉｋｕｒａ」で出しているジェノベーゼのパスタは、摘みたての地元産バジルを使った四代目シェフの小竹将矢《おだけまさや》くんの自信作で、遠方からの来客者の多いこのレストランでも評価の高い一皿である。周りの先輩、研修生の顔が強張ったことを、今でもはっきりと覚えている。この場の雰囲気をなんとか和らげないとまずい。

とっさに僕は「明日、『ａｊｉｋｕｒａ』の賄いで寺田くんにパスタをつくってもらおう」と提案して、凍りついたミーティングをしのいだのだった。思ったことが言えないなんてとんでもない。本音を堂々と喋るやつ！　僕は第一印象を修正した。

翌日のランチタイム終了後、いきなり決戦の時が来た。

一〇人ほどの研修生や小竹シェフが、席について寺田くんのパスタを待った。もちろん、僕も同席した。寺田くんのパスタが完成して運ばれてきた。

そして、試食。昨日の、あの自信に満ち溢れる発言をさせた姫路のイタリアンレストラン仕込みの味やいかに……。一口食べて、僕の舌は「違う」と感じていた。

みんなが食べる様子に目線を移す。僕と同じ感覚をほとんどのスタッフがもっていると確信した。小竹シェフが小言でも言わないかと心配したが、彼もその辺は大人だ。勝利の視線を僕に送ってきただけで、無言のまま試食会は終了した。

それからが大変である。寺田くんは小竹シェフのもと、前菜担当として研修していたが、この一件の後、周囲との人間関係が上手くいっていないのは明らかだった。『ａｊｉｋｕｒａ』の中で寺田くんの立ち位置をどのようにしていくのか。それが僕の中で大きな課題となった。

後から本人に聞くと、やはり人間関係がしっくりこなくて、研修がこのまま進んでいってよいのかと悩んでいたらしい。

出羽地域パン屋プロジェクト

そのころ、僕は住民からある案件の相談を受けていた。邑南町には、公民館を単位に一二の地域がある。その中でも地域を自分たちでよくしていこうという意欲が強く、先駆的な取り組みをしている出羽《いずわ》地域からの「地元の空き家を使ってパン屋を出したい」という相談だった。

まず僕が気になったのは資金はどうするのか、ということ。空き家の改修費、調理備品など一〇〇〇万円以上は必要だろう。それ以上に重要なのは、経営を持続させられる技量をもったパン職人がいるかどうかだ。僕への相談とは、そのパン職人を「耕すシェフ」の中から推薦して欲しいというものだった。

「耕すシェフ」の研修制度が始まって五年が経過していたが、修了者による飲食店の起業はまだ一件と少なかったから、僕はなんとかこのプロジェクトの人材を、研修生の中から輩出したかった。

研修生の履歴書を洗い直し、向いていそうな人間を探しているとき、寺田くんの履歴書の中にパン屋で働いていた経歴が記載されていることを発見した。どんなに探しても、寺田くんのほかにはパンづくりの経験のある研修生は見当たらなかった。

これが彼を出羽地域に推薦しようと考えたいちばんの理由だった。二番目の理由として、四月当初の〝パスタ事件〟で「ａｊｉｋｕｒａ」のスタッフやほかの研修生としっくりいっていないことも考慮した。寺田くんに初めてパンプロジェクトの話をしたのは、八月の中ごろ、僕の住んでいる日和地域の盆おどり大会の夜だった。

「寺田くん、『ａｊｉｋｕｒａ』でのイタリアンの研修は順調？」

さらに間髪入れず、聞いてみた。

「パンの研修やってみない？」

たたみかけるように話をして相手に考える暇を与えないのは、僕が交渉術の中でも得意とするところである（とくに寺田くんのように、ビジョンがもてない状況にいる場合は有効。明確なビジョンをもっている研修生と話すときには、相手の意見に耳を傾けてしっかり聞くことが重要だと使い分けているつもりである）。

目標に向かって後押しする

寺田くんはポカンとしていた。が、少し間をおいて言葉が返ってきた。

「はい、やってみたいです」

ちょっと意外だった。もう少し悩んでくれよ、とも思ったが、期待した回答に誘導できたことに安心した。とは言え僕はあくまでも誘導しただけだ。状況に流されやすいところのある寺田くんの本心がどこにあるのか、一抹の不安がなかったわけでもない。

パン屋で少し働いていたことと、「ａｊｉｋｕｒａ」での人間関係が上手くいっていないという理由から、寺田くんを方向転換させたのは、ほぼ僕の直感だった。

「そのほうが彼のためにもいい」と思ったのだ。すべての人間が自分で道を切り拓いていくわけではないし、誰かに背中を押されたい人間もいる。自分から動けないために、じっとしている人間を放っておくことは、意志を尊重しているということとは違う。

「耕すシェフ」は、プロになって自分の将来を切り拓こうという目的をもって邑南町に来てくれた人たちだから、目標に向かって後押しすることも必要だ。おせっかいかもしれないが、「自己責任」と突き放したり、放っておいたりはできない。

歩き始めることがいちばん重要であり、いちばん難しい。人はなかなか、最初の一歩が踏み出せないのである。寺田くんにも、当時はそんな雰囲気を感じた。僕の役割は、彼の背中を押すことと、迷ったとき軽く軌道を修正してやること。あくまで進むのは彼である。

もし間違った判断をしても、その都度修正していけば、ものごとはゴールに近づいていく。極論すればビジョンがなくても、ゆっくりであっても歩き始めれば、いつかゴールは見えてくるものである。

今にして思えば、「方向転換してパン屋になってみないか」なんて、姫路市から移住してまでイタリアンの修行をしている寺田くんに向かって、僕もよく言ったもんだと思う。よほど起業の実績が欲しくて焦っていたんだろうと思う。

秋、自治会の役員に寺田くんを紹介した。その時点で決まっていたことは「これから出羽地域がパンの事業を行う」「そこでパンをつくる職人が寺田くんである」という二点だけだ。

流されやすくて思ったことを素直にすぐ口にしてしまう寺田くんの挑戦が始った。

パン屋に改装する物件は、すでに出羽地域でアテがあった。公民館の前にあるコンビニだった空き店舗だ。オーナーが高齢になって廃業されていた。公民館の前というだけあって人通りも多いし立地条件は悪くない。となると、あとは組織と資金の問題である。

先にも触れたように、出羽地域は住民自治の取り組みでは全国有数だ。その一環として住民の出資により地域づくりの合同会社を立ちあげて、空き家の改修や耕作放棄地対策を行っている。今回のパン屋プロジェクトでも、この「合同会社出羽」が寺田くんを研修生として受け入れることになった。

「雇われ店主」の形だが、自分の店として経営する意識は必要だ。

「0円起業」のメドがついてしまった

寺田くんは、前述した「実践起業塾」に通った。当初、彼は経営していくためには売上がいくら必要か、そのためにはどのくらいの値段をつけたパンを何個売らなくてはいけないか、といったことにも想像が及んでいなかった。今だから明かせる恐ろしい話である。

しかし「実践起業塾」を受講するうちに、およその事業計画は銀行の担当者を納得させられるレベルまで達していた。やはり、歩きながら考えることで人間は急速に成長するのだ。

ただ、寺田くんは融資を受けなかった。融資を受けなくても、パン屋を開業できることになったからだ。まず空き店舗の改修費用には、町の補助金の公募に出羽地域が応募、地域の人たちが難関のプレゼンを行い、五〇〇万円が見事採択されたのである。

さらに当面は、合同会社出羽が経営を行い、寺田くんが「耕すシェフ」の研修を卒業した後、経営を引き継ぐという枠組みに決まった。僕がイタリアンからの転身をもちかけてから約一年、「0円起業」のメドがついてしまった。

「こんなに簡単にパン屋ができるとは思わなかった」

寺田くんがまたも本音を漏らした。おいおい、それはないだろう、もうちょっと感謝の態度があってもいいんじゃないの。そう思うのと同時に、さすが全国でも最先端の住民自治を実践している出羽地域だなぁ、これなら順調にいきそうだと僕は感心していた。

ところが、店のオープンは順調には決まらなかった。

〈A級グルメ〉総料理長の紺谷シェフから言わせれば、「寺田くんのパンの技術が、イマイチ」なのである。パンの膨らみ具合をみると、僕も紺谷シェフの言っていることに納得してしまう。さらにパン屋をオープンしようにも、スタッフが不足している。合同会社出羽の役員や寺田くんと話していても、一向にオープン日が決まりそうになかった。

なぜ、いつまでもオープンできないのか

こんなときは、ゴールを先に設定してしまうに限る。つまり、オープン日を勝手に設定してしまうのだ。僕がよく使う〝手口〟である。

八月の会議の中で、いきなり僕は声に出した。

「オープン日を一〇月一四日にしましょう」

なぜ、この日に設定したか？　その理由は単純、土曜日で休日だったからだ。それに二か月もあれば開店できるだろうという、さして根拠のない楽天的な発想だった。でも一〇月一四日と決まれば、逆算して六〇日で何を解決しないといけないか、シンプルに議論できる。ここが重要なところだ。

ゴールが共有されていないと、関係者全員から「たら、れば」の意見が発されて、あり

もしない想定にお互いが不安を覚え、ものごとが前へと進まなくなってしまう。いちばん避けなくてはいけないドツボにハマるパターンだ。

ゴールを明確にすることで「現状はどうなっていて、オープンするためには何が必要か。いつ誰が何をする?」という、建設的な議論に生まれ変わる。今回は設備的な準備が間に合わないからではない。課題は寺田くんのパンづくりの技術と、スタッフ不足だけなのだ。となると、それをどうやって解決するかを考えればいいのである。

技術面では、紺谷シェフに開業まで寺田くんの指導をお願いした。もともとパン屋で働いた経験がある寺田くんだから、パンづくりの基本的な技術や知識はもっている。紺谷シェフが徹底的に個人指導すれば何とかなると考えたからだ。事実、彼は短期間で驚くほどの技術進歩を遂げるのである。

後はスタッフをどうするかという問題だ。出羽地域の人がいくら協力的といっても、さすがにオープン当初のハードルは高い。素人がいくら手伝っても、混乱を来たすばかりで上手くいかないことは想像がついた。そこで、オープン前後は、同僚の「耕すシェフ」メンバーを交代で助っ人に入れた。

ゴールを設定し、現状の問題点を明確にして適切な処理をしていけば、ものごとは上手く進む、という典型的なパターンだった。不安なことを考える暇を与えない(笑)ことが、きわめて有効な手段なのである。

次の不安が生まれてくるのを楽しもう

二か月はあっという間に過ぎて、一〇月一四日の土曜日を迎えた。

本当にお客は来るのだろうか？　僕は不安だった。いつも強気な発言をしているけれども、本当は人一倍心配性で気が小さいのである。だが不安に思っているのは、僕だけでない。合同会社出羽の役員のみなさん、紺谷シェフ、「耕すシェフ」の仲間たち。

そして誰より寺田くんがいちばん不安だったはずだ。

オープンの一〇時を迎える三〇分前、店の中は大慌てで開店の準備をしていた。店のカーテンをチラリと開けて外を見ると、なんと店の前に五〇人ほどの行列ができているではないか！　役員の一人が声を上げた。

「寺田くん、お客さんがたくさん並んどるで！」

その声で、みんなの不安は一掃された。ところが今度は「本当にたくさんのお客さんが満足できるパンなのか」「お客さんに迷惑をかけずスムーズに対応できるのか」などと、別の不安が襲ってくる。

人間とはヘンな生き物で、一つの不安が解決するとまたすぐ次の不安が出てくる。だが、今のこの不安は「上手くやりたい」という欲求から出てくるものだ。

僕は「不安」という人間の生理現象が嫌いではない。みんなと不安を共有しながら、それを解決し、次の不安が生まれてくるのを楽しんでいる。そのときも、みんなと一緒に不安を打ち消すように、口ではなくて体を動かしていた。

その日、寺田くんがつくったパンは午前中には売り切れた。紺谷シェフによるマンツーマン・トレーニングの甲斐あって、お店でお金を十分にとれるパンに焼きあがっていた。仲間の「耕すシェフ」たちとの関係もスムーズで、寺田くんのアシスタントを務めることができた。

寺田くんが「0円起業」した店、「てらだのぱん」は申し分のないスタートを切った。

みんなが応援、宣伝してくれる

オープンして二、三か月が経ったころ、役場の仲間うちや合同会社出羽の役員の中では、決まって「てらだのぱん」が話題になった。「ご祝儀売上はいつまで続くのか」という話題である。

少し前はオープンできるかどうかが不安だったのに、今度は売上がいつ落ちるかを心配し始めている。僕を含めて、人間とは欲の深い生き物だ。そして不安を探したくなる生き物なのだ。

ただ僕は、視察客を案内して行くたび、「てらだのぱん」の人気がなかなか落ちないことを感じていた。オープンの一〇時前から、店の前にみんなが並んでいる風景は恒例である。ただ、人気を感じたのは行列だけではない。客層が実に興味深かったのだ。

地域の高齢者や主婦、そして子どもたち。さらに「どう見てもパンは食べんだろー」と言いたくなる地元のおじちゃん（笑）。ほとんどが、この出羽地域に暮らしている住民なのだ。過去、この出羽地域にパン屋はあったらしいが、なくなってからは久しく、「てらだのぱん」がオープンすることを、みんな心待ちにしていたようだった。

そして、このパン屋の客は実に面白いのである。パンを買ったあと、パン屋のレジ作業や皿洗い、雪が降っているときは雪かきまで、お客である地域の人が楽しそうに手伝っている。お昼過ぎ、パンが売り切れになりそうなころには、地域のみんなが寺田くんを囲んで、コーヒーを飲みながら談笑している。

「寺田くん！　もっとパンつくらんと、すぐ売り切れてしまうで」

「もっと、地元の食材を使いんさい」

激励しながら、楽しんでいるのだ。

出羽地域の若手役場職員は、日曜日に三人がかりで手伝っている。レジをコンピュータ化したから、パソコンがあまり得意でない寺田くんが困るだろうというのである。

「てらだのぱん」は、もはや寺田くんや合同会社出羽だけのものではなく、出羽地域の住民九〇〇人のものになっているようだ。そうであれば、売上がじわじわと落ちて行く心配はないだろう。地域に愛されるパン屋になれば、みんなが応援する。地域の人たちは、友だちや親戚に「パンを今度買いに来て」と一生懸命に宣伝をするから、地域外のお客も次第に増えていく。

口コミがいちばん信用される時代

今は、広告を出してもなかなか集客が難しい時代である。

なぜ、宣伝しても人は来ないかを考えてみると、多くの人が昔よりも情報を信じない時代になってきているからだろう。テレビや新聞などのマスメディアでも、インターネットでも情報が氾濫して、その価値がすっかり下がっているのである。

つまり、現代は情報量がとても多く、メッセージが届きにくくなっている。そして人間は興味のあるメッセージしか目に入らない。となると、どうやって宣伝していくか。答えは明確だ。お客がメディアそのものなのである。来店者に満足してもらえると、SNSなど口コミによって宣伝をしてもらえるのだ。家族や友だちは興味が重なることが多いので、メッセージが伝わりやすい。テレビや新聞より、口コミが信用される時代になってきているのである。

実際、出羽地域の人たちの間で「てらだのぱん」は美味しいという評判を取っていた。地域愛に満ち溢れた九〇〇人の住民が、「てらだのぱん」を宣伝してくれるのだ。その効果が、じわじわと出てきているようだった。

私は見た！
寺本英仁の
ビレッジプライド
4

極端なこともするんですが、うまくいかないと緩めたり修正したり。柔軟に模索するところがすごい

シックス・プロデュース有限会社　代表取締役

洲濱《すはま》正明《まさあき》さん

島根県邑南町出身。自然放牧による牛乳を生産、乳製品へと加工・販売するシックス・プロデュースを学生時代に創業。直営のカフェ「Ｍｕｉ」では自然放牧牛乳のソフトクリームに行列ができる。

役場がネットショップをつくろうとしているという話を人づてに聞いて、寺本さんに会いに行きました。事業を始めたばかりのころだったので、「販路が広がるチャンスかも」と思い、こちらからアプローチしていったのだと記憶しています。

ネットショップ「みずほスタイル」で自然放牧による牛乳を販売した当初は、一瓶（720ml）を七八〇円で売っていました。寺本さんや、「アイネット」の砂田さんからは「高過ぎる」と言われていたのですが、この価格でないと成り立たないし、差別化もできないので、そこは譲れなかったのです。

時代が変わると、いい商品は高くても売れるようになってきて、あるときから「もっと価格を上げようよ」となり、結果としてしっかり差別化できました。

創業して間もないころは、ホームページを作り込むこともできなかったのですが、「みずほスタイル」のおかげで全国に知名度を広げてもらえて、すごくありがたかったですね。東京ほか関東の各県と取引するようになり、メディアにも取り上げられるようになったんですから。

「みずほスタイル」のころ、寺本さんはいつもノートパソコンを持ち歩いていて、「売れないんだよ」とぼやいていたり、「注文が殺到して忙しいんだ」と慌ただしくしていたことを思い出します。

そのころの寺本さんは「東京や広島で売って〝外貨〟を稼がないといけないんだ」「外に、外に」と力説していましたが、やがて「地産地消だ、町内循環だ」と言い出して、さらに今は「地域をみんなにもっともっと好きになって欲しいんだ」と、主張がどんどん変わっています。明確な方針を力強く打ち出すだけに極端なこともするのですが、歪みが出ると緩めたり軌道修正したり、柔軟に模索し続けるところがすごいんです。本当に尊敬しています。

僕も創業当時は、かたくなに自然放牧の牛乳を中心に販売していましたが、寺本さんの影響を受けて、乳製品の魅力を伝えることが大事だと捉え直しました。地域で協力しながらアイスクリームやソフトクリームなど、いろいろな製品をつくっています。

第６章　最強の起業モデルは「人とのつながり」と「信用」

ビッグマウス女子(?)からの電話

「食の学校」の設立準備に追われていた二〇一三(平成二五)年の夏のことだ。「耕すシェフ」について問い合わせる女性からの電話が、役場に何度もかかってきた。

どこの地方自治体も同じだが、財政状況が厳しく、新規の事業を町の単独予算で実施するのは難しい。「食の学校」も例外ではなく、僕は補助率の高い国の事業の公募を調べては東京や広島に出張し、補助金の申請書を書いて応募する作業を繰り返していた。

度重なる出張で僕が不在のときに限って、その電話は何度もかかってきたらしい。電話を受けた同僚によるとものすごい自信家の女性だと言う。

「『耕すシェフ』は自分のためにあるような研修制度だ」とか「自分が定住することで、邑南町は大きく変わる」などと、電話口で繰り返していたそうだ。

いわゆるビッグマウス。電話で自分を売り込んでくるタイプはときどきいて、手を焼くことが予想された。でも、問い合わせがあれば、行政としてはしっかり対応しなくてはいけない。折り返し電話をしたときは彼女が電話に出られなかったり、彼女からかかってくると僕が不在であったり、入れ違いが続いてなかなか連絡が取れなかった。

彼女の仕事の都合で、電話の通じる時間帯も限定的だったのだ。

「これは本気ではないかもしれない、ひやかしかも……」と内心、安心したころに、彼女と連絡が取れてしまった。

「『耕すシェフ』の研修制度は自分も邑南町もハッピーになれる制度！　だから応募したいんです！　応募する前に邑南町に行って現場を見たいんだけど、休みが土日しかないので対応してもらえますか？」

受話器から聞こえる彼女の声には張りがあり、強烈な力感がある。彼女が一方的に話す内容を、僕は相づちを打ちながら聞いているしかなかった。

犠牲になるのはいつも僕の家族

前述した通り、そのころの僕は「食の学校」の準備でものすごくバタバタしていたから、土日もほとんど休んでいない。彼女が指定してきた土曜日は、久しぶりの休みになる予定だったから、家族サービスで子どもたちと映画を観に広島へ行く約束をしていた。

ところが、受話器から聞こえる力強い高い声に圧倒されてしまい、勢いに流されて、その日に案内することになってしまった。

子どもたちとはずいぶん前からの約束だったので気が重かったが、行けなくなった理由を話すと、彼らは親に似て前向きな性格なのだろう、残念がるどころか、次の予定を入れるために、友達とアポをとり始めた。

余談だが、僕には子どもが三人いる。長男のときは、風呂に入れたりおむつを変えたり、多少は子育て（の手伝い）をしたけれども、次男と長女のときは仕事にかまけて、完全に妻に任せっきりでまったく何もしなかった。

今日まで僕が仕事に没頭できたのは、間違いなく妻のおかげである。仕事ばかりで、まったく家庭を顧みない僕に、妻は一切苦情を言わず、僕が悩んでいるときは支えてくれた。そして子どもたちには、僕の仕事のことを話してくれていた。

保育園に通っていた長男は「お父さんは、東京で石見和牛肉を売る人です」と話していたらしい。ちょっと的は外れているが、嬉しかった。

そんな暮らしが一〇年以上も続いていたから、お父さんは仕事で家にいないのは当たり前、たとえ一緒に遊ぶ約束を破られても、対処の仕方は幼いながらも習得していた。僕は感謝しながらも申し訳ないと思っていたのである。

彼女を案内する土曜日、そんな事情もあって、僕は少し不機嫌だった。

「耕すシェフ」とはズレている

電話をかけてきた彼女、石國佳壽子《いしくにかずこ》さんは母親と兄と一緒に邑南町にやって来た。

「邑南町が気に入れば、家族三人で定住します！　だから邑南町にとっても大きなメリットがあるでしょ！」

と、電話よりもっと強引にぐいぐい自分たちを売り込むのである。僕はイケイケの彼女に圧倒されて、午前中はかなりテンションが低かった。

地産地消のバイキングレストランに案内して昼食をとったとき、僕の気分に変化が起きた。彼女と一緒に来たお兄さんが僕と同い年で、燻製やジャムづくりの技術があり、それも大会で入賞するくらいの腕前だと聞いた瞬間、猛然と興味が湧いたのだ。邑南町特産の石見ポークは生肉での販売にとどまっていたから、もし彼が邑南町に定住してくれたら、町の農産品の六次産業化が一気に進むに違いない。そんな可能性を感じたので、午後からはかなり身を入れて町を案内した。

彼女も僕の変化に気づいていたようで、後日、下見のときのことが話題になるたび、「ランチ代を私たちがご馳走したとたん、寺本さんの態度が急変した」と言うのだが、それはまったくの誤解である。

「耕すシェフ」の選考は、書類による一次選考を通過すると、二次選考の面接が行われる。一か月後、石國さんは面接へと進んだ。

僕は選考の合否判定には関わっていないが、面接の場には「耕すシェフ」の担当者として立ち会っている。もちろん石國さんのときも同席していた。

石國さんは、いつもの勢いのある口調で、町長や課長に将来のビジョンを伝えた。彼女は家族三人で邑南町に移住し、農業とレストランをやりたいという意気込みを語り、今は家族で広島市内に住み飲食店を経営しているので、そのノウハウを邑南町でも活用して、レストランで出す野菜をつくりたいとアピールしたのだ。

かなり「耕すシェフ」に近いコンセプトなのだが、本来は料理人を育てる研修制度なのだから微妙にズレている。面接していた町長、課長も気づいた。レストランを開業したときに、料理をするのは本人ではなく、お母さんなのである。さっそく町長が質問する。

「石國さんがやりたいことは、料理人になることではなくて農業じゃないの？」

「はい、私は農業がやりたいんです。それも有機農業を！」

僕は内心、このままじゃ、選考から落ちてしまうぞ、「耕すシェフ」の研修制度に応募するんじゃなかったのか？　とハラハラしていたら町長が言った。

「確かに石國さんの考えは若干、『耕すシェフ』とはズレているが、今の邑南町には石國さんのような元気な女性が必要だと思うんだよ」

そして僕のほうを向いて、こんな指示が出た。

「石國さんが『耕すシェフ』の研修ではなくて、有機農業を学べるよう取り組んでみてくれないか。ネーミングも『耕すシェフ』では合わないから、新しいのを考えてくれないか？」

町長のスピード感と柔軟性にはいつも圧倒されるのだが、このときもそうだった。邑南町は農業の研修生を受け入れた実績はあるけれども、これは慣行農法（化学肥料や農薬を使う一般的な農業）で、有機農法の研修生を受け入れた前例はない。指導する人材もいない。ネーミングも大変だが、有機農業の研修制度を実施するスキームづくりが難しいと真っ先に思った。

決まっているのは名称と有機農業を学ぶことだけ

石國さんは見事選考にパスしたのだが、僕が熱望したお兄さんの移住は、レストラン開業の準備ができてからお母さんと一緒に、と二段階になってしまった。当面は彼女と、前例のない有機農法の研修制度をつくらなくてはいけない。

まず、町長からリクエストのあった研修制度のネーミングだ。一つ思いついたのは「馬《ば》力《りき》女子」。石國さんの勢いから連想したのだが、これでは研修制度の内容が連想できないから、心の中で廃棄した。しかし「女子」という言葉はかなり響きがよかったので、コテコテさせない方がいいと思って「農業女子」の「農業」の部分を横文字にして「アグリ女子」。これはよさそうだ。

すぐに、石國さんの携帯電話に連絡すると、彼女も喜んでくれたので「アグリ女子」に決めることとした。「男性が希望したらどうするんですか?」と、もっともな質問をされて一瞬悩んだが「アグリ男子」で行こうと答えた。電話ごしに彼女が笑っている声が聞こえた瞬間、初めて彼女との距離感が近くなったような気がした。

こうして邑南町地域おこし協力隊制度に「アグリ女子」研修制度が誕生し、彼女が第一号となった。翌年、神奈川県から来た泉孝士《いずみたかし》くんが「アグリ男子」の第一号だ。

とはいえ、この研修の開始当初はネーミングと有機農業を学ぶということだけが決まっていて、後は何も決まっていなかった。〝白いキャンバス〟にどんな絵を描いていくのかを考えるところから始めなくてはいけない。

そのころ、僕は「香木の森公園」の管理担当にもなっていた。

そこにはハウス栽培で薔薇を育てている施設があって、冬場の暖房費や薬品代などが嵩《かさ》んで公園の経営を圧迫していたから、僕はこのハウスでカラフルな野菜をつくり、見ても食べても楽しめる「エディブル（食用）ガーデン」にできないかと考えてコンセンサスをとる作業をしていた。

すでに書いてきたように、邑南町は二〇一一年（平成二三年）から地産地消レストラン「素材香房ａｊｉｋｕｒａ」をオープンさせている。都会から来る人々は、石見和牛肉や石見ポーク、キャビアのような希少な高級食材以上に、邑南町の新鮮野菜に感動することを知っていたから、新たな魅力的な施設にできると思ったのだ。

ところがこの薔薇ハウス廃止の情報が町の人たちの耳に入ると、僕のいる事務所に一〇人以上の人が深刻な顔をしてやってきて、「二〇年以上も続けてきた薔薇ハウスを残して欲しい」と懇願された。

僕は、思いっきり反省した。町の人が大切にしていた薔薇ハウスを、経費が嵩むからといって安易にやめてはいけない。なんとか、このハウスを残せないものかと、いろいろ調べたりツテをたどって相談したりするうち、北海道で庭づくりの勉強をしている女性がいるのでガーデンデザイナーとして起用してみないかという話に行き着いた。

その女性とは以前、邑南町のネットショップに関連して「Oh!セレクション」でお世話になったカリスマ審査員、花房美香さんだった。不思議な縁を感じて、東京在住の彼女にお願いしたところ、化学肥料や農薬を一切使用しないオーガニック・ガーデン化を条件に引き受けてくれたのだった。

「自分で師匠を探して欲しい」

オーガニック・ガーデンがどれくらい難易度が高いものなのか僕にはわからなかったが、何よりオーガニック（＝有機）にピンときた。「アグリ女子」の石國さんにも一緒につくってもらおうと考えたのだ。ハーブ類や薔薇などは花房さんが担当し、公園内の一部に設けた野菜畑を石國さんに管理をしてもらう。わからないことがあれば、花房さんに指導を仰ぐ、という構想だ。

だが、この提案に石國さんは納得していなかった。彼女はオーガニック・ガーデンの傍らなんかではなく、本格的に有機農業を学びたかったのである。

公園内の畑を石國さんが自由に管理していいから、と提案してとにかく承諾してもらったところ、彼女はたった一人で、三〇平方メートルほどのその畑に堆肥を入れるための穴をスコップ一つで、掘り始めた。深さは八〇センチ、腰まで入るくらいの穴を、畑の全面に何十個も掘るのである。晴天で気温三〇度を超える日も、はたまた大雨が降る日も作業を続け、彼女は三週間かかってとうとう一人で掘り上げた。

「アグリ女子」はやはり「馬力女子」だった。

と思うと同時に、彼女の望むような研修の準備ができない自分を情けなく思った。さらに、彼女なら少々つらいことがあっても、自分の進むべき道をまっすぐに進んでいくだろうと確信した。僕が研修プログラムを考えて施すよりも、彼女自身が道を切り拓いていくほうがいい。そう考えて「自分が教えてもらいたいと思う、指導者を自分で探してきてくれ」と頼んだのだった。

彼女はものすごく嬉しそうで、やる気に満ち溢れた顔をしていた。

数か月後、「会ってもらいたい人がいる」と言ってきた。遠い将来、僕の長女が、自分の好きな男性を連れてくるシーンが脳裏をよぎった。

どうやって自分の師匠を探してきたか、僕は詳細に聞いたことはないが、石國さんはようやく自分が本当に指導を仰ぎたい師匠と出会えたのだ。僕の手元を離れるような、少し寂しい気持ちと嬉しさが混在していた。

その師匠とは、元木雅人《もときまさと》さんだった。僕は彼を昔からよく知っていた。

僕が旧石見町時代の農林振興課に在籍していたころ、一つ年上の彼は山形県から、農業研修生としてIターンしてきたのだ。

当時から有機農業を志していた元木さんだが、やはり有機農業に取り組んでいる農家も少なく、指導できる人材もいなかったので、慣行農業の研修を受け、修了後は定住していた。一度、独学で有機農業を志したものの上手くいかず、再度、BLOF（Bio Logical Farming＝生態系調和型農業）理論を自分で納得のいくまで学び直したのだ。

BLOF理論は有機農業の技術理論で、農地の土壌分析をして、その農地に必要な施肥量と施肥方法を論理的に決めていく栽培方法である。この方法で栽培された野菜は、糖度、抗酸化力、ビタミン含有率が高く、にがみ、えぐみのもととなる硝酸イオンの数値が低くなる。さらに付加価値が高いことに加えて、収穫量の増加も見込めることから、「稼げる農業」として注目されている。

全国で三〇〇ほどの農家がこの農法に取り組んでいて、就農二、三年目で一〇〇〇万〜二〇〇〇万円を売り上げているとのこと。元木さんは、この理論の指導者として、提唱者である師匠に次ぐくらいの第一人者にまで成長していた。

地元にそんな有機農法の指導者がいるのに、なぜ最初から元木さんの名前が挙がらなかったのか疑問に思う人もいるだろうが、当時、彼は別の町で有機農法の会社に勤めていたのだ。有機農法に燃える石國さんは、元木さんのことを知ると情熱を込めて口説き、とうとうその会社を辞めさせたのである。

「農の学校」を設立

石國さんと元木さんの二人は、僕が想像する以上のプロジェクトを企画した。ＢＬＯＦ理論を普及するための教育機関を邑南町につくったのだ。

それが二〇一五（平成二七）年四月にオープンした「農の学校」である。これは、定住対策として大きなメリットがあった。Ｉターンする都会の若者の多くは有機農業を志望するから、ＢＬＯＦ理論を学べる学校の魅力は大きい。また、Ｉターンして就農した場合、広い農地が借りられない（邑南町の場合、そうならないための「信用システム」を構築しているが）ケースもあって、収穫量も限られてしまうのだが、このＢＬＯＦ理論では狭い面積でも多収穫が望めるので、面積の問題もクリアできるのだ。

さらに石國さんと元木さんはその先の展開も考えていた。

「農の学校」で学んだ農家の農作物を販売する会社も同時に立ち上げようと提案すると、全国の有機農業家たちの期待を集めて、たちまち資本金が集まり、実際に株式会社ＪＯＡＡ（ジョア）を設立したのである。設立初年度こそ伸び悩んだものの、現在では年間売上一億円を超える企業に成長した。

「香木の森公園」のガーデナーに就任した花房さんもオーガニック化することに大きく寄与してくれた。

難関と思われた薔薇も、無農薬・無化学肥料でたくさんの花を咲かせている。しかも、状態は年々よくなって、五年目を迎える今年（二〇一八年）も、多くの観光客に喜んでもらっている。薔薇ハウスを廃止しないでよかった！

「香木の森公園」の近くにあるサクランボ農園も、元木さんの指導を仰いで土壌改良を進めた結果、年々、樹木が強くなった。糖度の高いサクランボに生まれ変わり、邑南町産の評判を高めてくれている。

邑南町に有機農業の道を拓く

「私が移住すれば、邑南町もハッピーになりますよ！」

そう断言していた石國さんの言葉通りになったと言っていいだろう。彼女は「アグリ女子」の研修制度を自らつくり、「農の学校」まで実現している。「有機農業をやりたい！」という強い思いが、邑南町に新たなアピールポイントをもたらしたのだ。

彼女が取り組んだ「農の学校」とJOAAという二つの仕組みは、邑南町に有機農業の道を一気に切り拓き、一〇店舗に増えた「耕すシェフ」OB・OGたちが運営する飲食店にも、間違いなく大きく貢献している。

「アグリ女子」の研修期間中、石國さんは馬力に任せて突っ走り、ほかの研修生や地元農家に多大なる影響を与えた。最初に任せた畑を一人で掘り返していた姿そのままに、邑南町の住民や役場の職員の〝意欲〟を耕し、さまざまな種をまいたのだ。

彼女が次々に発案する事業を実現するため、僕は補助金の申請書をずいぶん書いたが、その甲斐は十分にあった。ハラハラすることも多かったけれど。

〈A級グルメ〉に関連する組織も増えてきて、動きやすいように整備した。

「食の学校」や「農の学校」を運営し、「耕すシェフ」など地域おこし協力隊の研修を実施する「食と農人材育成センター」を、二〇一七年（平成二九年）に観光協会から分社化した。彼女の切り拓いた道筋を整備することが、この数年間の僕の仕事だったようにも思えてくる。

三年間の研修を終えた彼女は、当初の計画通り、家族三人でレストランとマルシェ、そして農園を運営している。出羽地域にある古民家を改築したのである。農園の土地は地域の人から無料で借りた。

石國さんと家族による「あかね屋」は、ヨーロッパのバルのような洒落た店だ。庭先で邑南町野菜や石見ポークのロースハム、燻製が楽しめる。彼女は新たな夢として果樹にも驀進しているから、近い将来、新たな展開で邑南町に風雲を呼ぶに違いない。

NHK『プロフェッショナル 仕事の流儀』

「食の学校」から「アグリ女子」「アグリ男子」「農の学校」と、〈A級グルメ〉構想に基づいて歩みを進める邑南町の取り組みを追っていたテレビディレクターがいた。大野陽平《おおのようへい》くんというNHK松江放送局のディレクターだ。埼玉県出身で、慶應義塾大学の大学院を卒業した彼の、最初の赴任地が島根県の松江放送局だったのだ。

赴任当初から邑南町を取材に訪れていた大野くんは、「〈A級グルメ〉の町おこし」をテーマに、地方版のドキュメンタリー番組をつくろうとしていた。僕は取材に応じたり、町を案内したりいろいろと協力したのだ。だが結局、企画はボツ。

彼はなかなか番組をつくれない状況にあった。詳しい事情は知らないが、どうやら〝ダメ局員〟に近い評価だったらしい。

だが大野くんは、NHKに入る前から看板番組の『プロフェッショナル 仕事の流儀』を制作したいと思っていた、と言う。そしてこの番組が、東京・渋谷のNHK放送センターの〝専属〟でつくられていて、地方の若手ディレクターが担当するなど奇跡に近い状況だとも。それでも彼は、こんなことを口にしていた。

「寺本さんを題材にした『プロフェッショナル』の企画案を、東京で番組を総括するプロデューサーに提案しようと思うんです」

この番組を松江放送局が担当したことは今までないらしいし、地方版のドキュメンタリー番組でもなかなか提案が通らない大野くんの企画が、まさか採用されるとも思えない。何より、僕みたいな田舎の地方公務員が〝プロフェッショナル〟だなんて思いもしなかったので、大野くんには失礼だったが、最初は軽く受け流していた。

それでも彼は、車で二時間以上もかかる松江から邑南町に何度もやって来て、僕の細かな仕事まで見ていてくれた。次第に親しくなって、何度も僕の自宅に泊まっていくようになる。夜は酒を飲みながら、今後の地方創生の在り方や〈A級グルメ〉構想の方向性、「耕すシェフ」への想いなどを遅くまで語り合った。

そんなある日、大野くんが声を弾ませて言った。

「寺本さん！　今度東京から、『プロフェッショナル班』のプロデューサーが邑南町に来ます。ぜひ会ってもらえませんか？」

「それは、番組をやることが決まったということ？」

「はい！」

短い返事が返ってきた。僕は自分が出演することはさておいて、大野くんの夢が叶ったことが、すごく嬉しかった。「耕すシェフ」の起業も嬉しいが、このときもそれと同じくらい嬉しかった。若者が夢を叶える場に携われるのは本当に嬉しいものだ。

こうして番組制作のための完全密着が始まった。二〇一六年の四月から六月まで、本当にずっと僕に密着しているのだ。ディレクターの大野くん、カメラマン、音声さんの三人が、いつも僕についてくる。まさか、ここまで密着されるとは思わなかった。

車を運転して出勤するときも、町で誰かと話しているときも、役場庁舎内の自分の机でパソコンを使っているときも、朝から晩までずっとカメラが向けられているので、気を抜くことができない。

カメラの小さなランプが赤くなっているときだけ撮影されているのだと理解して、少し息が抜けるようになったのは、密着が始まって何日も経ってからだった。それまではペース配分がわからず、つねに全力投球していたので、バテバテだった。

番組になることが決定する前は、フレンドリーに話をしていた大野くんだが、撮影に入ってからは野鳥を観察するように、息を殺して僕を見ている。そう、僕は野鳥なのである。

ミルクジャム誕生秘話

この番組のメインで取り上げられた場面が、ミルクジャムの商品開発だった。この話のきっかけは、広島市内の広島酔心《すいしん》調理製菓専門学校の原田校長からバターの生産を依頼されたことだ。そのころ、全国的にバターが不足しており、製菓の授業が思うようにできなくなっていたのである。

この専門学校は、毎年のように卒業生を「耕すシェフ」に送り出してくれている。僕は校長先生に会うたび、邑南町は酪農の盛んな町として自慢していたので、「それならば」とバターの生産を依頼してくれたのだった。

「わかりました！」と僕は当然のように、二つ返事で安請け合いした。そして生産者に話したところ、即座に断られた。

バターは生乳の5％しか使用しない（乳脂肪がバターになる）。だから残りの95％は低脂肪乳になり、廃棄しないといけないという。「乳量の多い北海道は加工乳ができるけれども、それ以外の本州では生乳を売るんだ」と教えてくれた。さすがに僕も「5％だけの使用では、商売にならない、校長先生には頭を下げて断ろう」と諦めていたのだが、たまたま母校の東京農業大学醸造学部の前橋健二《まえはしけんじ》教授に会う機会があった。

会話の中でバターの話題になったところ、前橋先生は「廃棄する低脂肪乳でミルクジャムをつくれば」と提案してくれた。ミルクジャムは牛乳と砂糖をじっくり煮詰めてつくる保存食で、もともとはフランスのノルマンディー地方でつくられていたらしい。これなら低脂肪乳も商品として売ることができるから、バターづくりも採算に乗せられるかもしれない。僕は喜び勇んで邑南町に帰り、「食の学校」でミルクジャムの試作品づくりを繰り返した。

だが、さらに高いハードルがあった。町内で生乳を加工する技術は、シックス・プロデュースの洲濱くんがもっている。しかし洲濱くんの牛乳は、自然放牧で加工品に向いていない上、あまりにも乳量が少なすぎる。

となると、牛舎飼いの酪農家の生乳を使うしか方法がないのだが、こうした生乳はすべて岡山にある中国生乳販売農業協同組合連合会（中販連）を通して生乳メーカーに販売されるというルールがある。したがって生産者の酪農家から個別購入することはできないのである。加工用に買い叩かれて酪農家が不利にならないようにする仕組みだった。

僕は岡山に行って、「酪農家が将来に希望をもてるよう、チャレンジしたいんです。年間一〇〇〇キロだけ個別購入を認めてください。お願いします！」と、中販連の担当者を口説いた。

ここは番組でも放送されたシーンだからご覧になった方もいるだろう。担当者が承諾してくれて、酪農家から直接、個別購入できることになった。

ところがまだまだ難関があった。

洲濱くんに生乳を預けてくれる酪農家が決まっていない。洲濱くんが自然放牧にこだわっているのと同じように、牛舎飼いの酪農家もプライドをもっている。自然放牧の牛乳の味はナチュラルだが、牛舎飼いの乳質はそれとは比較にならないくらい濃厚である。

僕が生まれ育った日和地域は、一帯でも酪農のさかんな地域である。かつては「日和高原牛乳」として販売されていた。僕が子どものころ、テレビでは「日和高原牛乳」のCM

が流れていて、誇らしく思えたし、自慢だった。酪農家が減って、二〇年ほど前に「日和高原牛乳」はなくなってしまったが、僕はこれを復活させたいと思っていた。

日和地域の酪農家、坂根繁樹《さかねしげき》さんに、思い切って言ってみた。

「子どものころ、地元の『日和高原牛乳』が自慢でした。なんとか、もう一度復活させたいんです。今すぐには牛乳の復活は難しいですが、まずは『日和高原ミルクジャム』として復活させたいんです」

「ジャムで使う牛乳の量はしれている」

坂根さんの反応はそっけなかったが、僕はひるまず熱く語った。

「日和という名前が商品名に復活することで、若い酪農家の希望になるし、地域の誇りにもつながります。これで、酪農業界の改善はできないかもしれませんが、少しでも光が見てくるはずです。必ず後継者の希望になります」

坂根さんは僕の想いにかけてくれて、生乳を分けてくれた。そして洲濱くんに加工させることも許してくれた。

「その資金はうちが出しましょう」

これでミルクジャムの生産に取りかかれる！　と意気込んで洲濱くんに加工を依頼すると、量産するには機械を導入しないといけない、それには五〇〇万円かかるというのである。

僕は、ここで終わったと思った。洲濱くんや坂根さんにその機械を導入してもらっても、すぐに採算をとれるわけがない。

生乳を手に入れるために走り回り、多くの人の協力も取りつけた。何日も夜を徹して、書類づくりもした。だがそれも水の泡かと思う残念な気持ちと、校長先生の期待に答えることができなかったという、情けない想いが混在したまま、できない事情を説明に行った。

「校長先生、ジャムをつくる機械を導入するだけの資金はうちの町にはありません。期待させただけに終わって申し訳なかったのですが、バターの提供はできません。今回は本当にご迷惑おかけしました」

と言って頭を下げた。すると、校長先生から意外な言葉が出た。

「バターを本校に提供していただけるなら、その機械の資金はうちが出しましょう」

こうして「日和高原ミルクジャム」は多くの人の力を借りて誕生した。

NHK『プロフェッショナル 仕事の流儀』で「地方公務員・寺本英仁」として放送されたのは二〇一六年（平成二八年）九月のこと。

ちょうど同じころ、「日和高原ミルクジャム」も発売に漕ぎつけた。番組で開発の悪戦苦闘（の一部）が取り上げられた効果もあり、発売当初からびっくりするような勢いで売れた。一年後、農水省が主催する特産品のコンテスト「フード・アクション・ニッポンアワード」では、「日本で残したい10品」に選ばれ、今では年間一万個以上売れる町の特産品になっている。

そして、今年（二〇一八年）念願の「日和高原牛乳」もシックス・プロデュースの洲濱くんと酪農家の坂根さんのコラボレーションで復活したのだ。この二人は、今や邑南町の酪農を盛り上げるキーマンになっている。

最強の「邑南起業モデル」

起業に関する一連のプロジェクトに携わっていく中で、僕はあることに気づいた。「人・知恵・金」が起業のキーワードと考えていたが、お金は信用さえあれば、ついてくるのではないかと思うようになったのだ。

たとえば調理学校の校長にとって、バターが手に入るというメリットは確かに大きい。それも僕たちと何年か付き合っていくうち、途中でバターの提供を止めたりはしないと信じてくれたから、機械を導入する資金を出してくれて、今回のミルクジャムの成功につながったのだ。「実践起業塾」も、きちんと返済してくれるという信頼関係を築くために、金融機関が協力してくれたのだ。

ということは「耕すシェフ」と邑南町の地域をもっと信頼関係でつなぐことができれば、

お互いが抱えている問題が解決できるのではないだろうか。つまり「耕すシェフ」にとってはお金、土地、住民の協力をいかに得ていくかという悩みが、地域にとっては人材不足・空き店舗・空き家、ノウハウ不足といった弱点が、相互に補える可能性が高い。

だからこそ、僕は「起業にはお金ももちろん大事だけれど、もっとも大事なのは、三年間の任期中に地域の中で信用を築くこと」だと「耕すシェフ」たちに力説するのだ。


前章で述べた「てらだのぱん」はその典型例だ。

また冒頭の章で紹介した通り、「耕すシェフ」の一人が「食の学校」で蕎麦を習っていることを知った市木《いちぎ》地域の人たちは、研修期間の修了後も彼を市木に残すため、みんなでお金を出し合って空き店舗を改修、蕎麦店を出せるようにしてくれた。さらに、休耕田で蕎麦を栽培してくれるようになったのだ。

これは彼が三年間市木地域で暮らして、その地域になくてはならない人材になっていたからにほかならない。

地域の信用こそ、〝生きていくため〟の本質的な資産だから「0円起業」すら実現する。すなわち、最強の「邑南起業モデル」なのである。

私は見た！
寺本英仁の
ビレッジプライド

5

“忍法・丸投げの術”は、よそ者の私を信頼して任せてくださる寺本さんのなせる業

あかね屋

石國《いしくに》佳壽子《かずこ》さん

二〇一四年、広島市から邑南町に移住。二〇一八年五月、石見ポークの燻製と野菜バイキングのレストランをオープン。同年九月、地元の声に押され広島風お好み焼きと石見ポークの燻製の店にリニューアルオープン。

「耕すシェフ」に応募して数日後、寺本さんから電話がかかってきました。

「もしもし、寺本ですけど。『アグリ女子』でどうですか？」

「あ、はぁ。……何がですか？」

「名前ですよ、石國さんの」

「は、はぁ、……いいと思います」

で、電話が切れました。私は「耕すシェフ」の面接で、町長さんに「耕すシェフの『耕す』だけをさせていただけないでしょうか？」とお願いしたんです。提出する必要もないのに、コレしたいアレできますという事業計画書も出しました。だから何よりも合否が知りたかったのですが、この電話ではよくわからない。役場に電話をかけ直して聞いたところ「あぁ、いつから来られますか?」という返事。それが寺本さんです。

「耕すシェフ」と同様に、地域おこし協力隊の仕組みを使った「アグリ女子」「アグリ男子」ですが、決まっていたのはネーミングだけ。寺本さんが「何がやりたいの?」と言ってくれたので、どんどん要望を出しました。

講師も、学びたいと思う人を探してきて、ということだったので、BLOF理論という有機農法の提唱者、小祝政明《こいわいまさあき》先生の講座を聴くと、とてもロジカルで面白い! すぐに心をつかまれました。邑南町には元木雅人さんという小祝先生の片腕とも言える指導者がいることがわかり、元木さんを口説き落として、八月から一二月になって雪が降るまで、毎週火曜日に来ていただいて教わりました。

寺本さんに「来年はどうする?」と聞かれ、「学校をやりたい!」と答えたところ「じゃ、やってみたら!」と予算を取ってくれました。それが元木さんを校長に迎えた「農の学校」です。東京でも募集してU・Iターン者を七人集めたんですよ。

邑南町に来て二年目でしたが、地域おこし協力隊として「農の学校」を作り、元木さんと有機農産物の販売会社を作り、仲間たちと勉強会をする目的で有機農業普及協会島根支部を立ち上げました。〝忍法・丸投げの術〟は、よそ者の私を信頼して任せてくださる寺本さんのなせる業。おかげで思う存分、やらせていただきました!

第7章　ビレッジプライドを全国へ！

お金になる料理教室

「食の学校」は「耕すシェフ」の研修だけでなく、町の子どもから高齢者までこの地域の食材の素晴らしさを学ぶ施設である。

ここでは、毎年八〇〇〜九〇〇〇人の住民が学んでいる。それも一回の受講料として二五〇〇〜四〇〇〇円のお金を出して学ぶ。通常、行政の行う料理教室は無料のものが多いから、住民や議会から受講料が高いという声もある。

それでも、一万人あまりの町で、八〇〇〇人以上もの人が（延べ人数とは言え）有料でも参加するという料理教室は異例だと思う。なぜそれだけの人が参加するのかというと、「すぐに商品化できる、お金になる料理教室だから」である。

たとえば「食の学校」には発酵や米粉をテーマにする教室の中に、ドレシッシングやパンやお菓子づくりの講座がある。講座を終えると自宅に加工場や工房をつくり、商品化して「道の駅 瑞穂」や香木の森公園のギフトショップで販売する参加者が少なくないのだ。

これこそ地に足のついた、草の根の六次産業化だろう。

「地方の活性化」に際して、六次産業や六次産業化という言葉は、よく目にも耳に入ってくる。これを行政が推し進める場合、都会に売り込むためのキーワードのように思われているケースが非常に多い（そして、多くの場合上手くいかない）。

その典型がジャムである。果物を六次産業化するときジャムはつくりやすいのだが、売るのは難しい。朝食にジャムはつきものだから、販路もたくさんあると思うかもしれない。だが、同じことを考える人が多いため、ライバルも半端なく多い。

とくに難しいのがブルーベリーだ。東京のバイヤーに商談に行くと、味も確認しないでデザインを指摘される。「このデザインでは、うちのデパートで販売するのは厳しい。デザイナーを紹介するから直して欲しい」と言われるのだ。

田舎に帰って町や商工会の補助金を活用してデザインを直し、再度東京にアタックに行き、バイヤーからやっとのことでＯＫをもらい、デパートに置かれたとしよう。

デパートは一か月も棚に置いてくれれば上々だ。定番商品になるのは至難の業。なぜかと言えば全国の町も同じようにブルーベリージャムをつくっていて、みんなが後ろで待っている状態だからだ。デパート側としても、全国各地のブルーベリージャムを順番に出す方が、お客さまに新鮮な印象が与えられる。

というわけで、多くのブルーベリージャムは東京に一度は出るものの苦戦してしまう。その間のデザイン費や旅費を考えると、目も当てられない。

ブルーベリーだけではなく、多くの六次産業化商品はこんな感じだ。あえてひどい言い方をすると、田舎は都会の餌食《えじき》になっているのである。僕は都市と地方がもっとフェアな関係でありたいと思っている。

路上でサッカーをするように

その点、「食の学校」で学んだ住民たちによる六次産業化商品は、「道の駅 瑞穂」を中心に邑南町で販売するものなので、デザインなど素朴なものが多い。都会的とは言いかねるが、その分、食材の原価に費用をかけているので評判がよい。

最近では簡素、素朴なデザインのものが好まれる傾向にあり、かえって売れ行きがよかったりしている。「道の駅 瑞穂」には住民たちがつくったお弁当やパン、ドレッシング、ケーキなどがたくさん並んでいる。邑南町ではこうした商品を特定の業者だけが製造しているのではない。町の人みんなが料理人であり、加工技術者なのである。

これは、もともと品質がよくて美味しい食材を使っていることと、食べることを誰もが楽しんでいるというベースがあってのことだ。

サッカー大国・ブラジルで、路上で子どもたちがサッカーをしている姿をテレビなどでご覧になったことがあるかと思う。幼いころから誰もがみんなボールを蹴って遊んでいるので、草サッカーでもびっくりするほど上手い。

後ろから来た強いボールを足元でぴたりと止めたり、意表を突いたシュートを打ったり、楽しみながらプレーしている。そんな環境だから観客もレベルが高くて、上手く連携して守備しただけでも歓声が上がったりする。

裾野が広く、文化レベルで息づいているものがあるからこそ、超一流選手が次々と生まれるのだし、世界でブラジルのサッカーが一目も二目も置かれているのだ。

僕は邑南町の「食」もそれと同じだと思っている。

この町では、ものごころがつく前の子どもから高齢者まで、素晴らしい食材でつくった料理を、毎日毎日食べている。となると、おのずから「食」のレベルが高くなる。そんな食文化を子どもたちに伝えていく拠点が「食の学校」だ。

邑南町で暮らしていると、当たり前のように旬の食材の美味しさを知り、美味しく扱う料理法を身につける。だから本来の意味で舌が肥えていることになる。

「〈A級グルメ〉の町」「本当に美味しいものは地方にあって、美味しいものを知っているのは、地方の人間なのである」とは、単なる見栄えのいいキャッチフレーズではなく、この町の本質なのである。

「地方の誇り＝ビレッジプライド」

邑南町では、本業をもちながら、休日や空いた時間を活用して農業をしたり、農産物を活用して商品をつくったりする人が少なくない。それを現金に換えると、月額五万〜一〇万円くらいの副収入になるのである。

いわゆる「半農半X」だ。これは食料を「農」で賄いつつ、好きなこと・やりたい仕事もして稼ぐというライフスタイルで、京都府の塩見直紀《しおみなおき》さんが二〇年ほど前から提唱している。

今、政府は副業解禁を進めようとしているが、邑南町では昔から「半農半X」に近いことは当たり前のように行なわれてきた。かつては「兼業農家」と呼ばれていたのだが。高度成長期、次第に農業だけでは食べられなくなってきた時代、工場などで働きながら、週末には農業をするといったスタイルが増えた。農村部は日本中どこでもそうだったはずだ。ただ「兼業農家」には、衰退する農業をやめるにやめられない長男が頑張っているようなイメージがあった。文字通りの「貧乏暇なし」だったわけだが、今は違う。自分の休みの日に楽しみながら農業や農産物の加工をしているのだから、趣味になる。つまり現代的な「半農半X」なのだ(先にも触れたように、僕自身、父親と一緒に牛を飼っている)。

一方、都会に住む人たちは、週末になれば街中で開かれているマルシェに出かけ、地方の野菜を買う。そのこと自体が楽しいからだ。少し遠出して、地元の食材を調達したキャンプや釣りをして楽しむ人も多い。

邑南町の暮らしは、都会の人たちから見れば憧れなのである。田舎暮らしへの憧れは一時の流行ではなく、時代の潮流だ。今、都会で競争して勝ち残っても五年後や一〇年後に安泰とは限らない。一流銀行だろうが大手メーカーだろうが、身売りとかリストラとかのニュースを見ていると、一生安泰で暮らせないことはみんなわかっているからだ。

邑南町の人々は暮らしを楽しんでいる。お金はたくさん入らないけれど、自分の育てた農産物を、町内のレストランに都市部から食べに来てくれて、自分のつくったジャムやチーズを都市の人が喜んで買ってくれる。そして、心に貯金をしているのだ。

今は、都会より田舎のほうが暮らしに誇りを実感できる世の中なのだ。これを、僕は「地方の誇り＝ビレッジプライド」だと考えている。

「食の学校」では二年がかりで本もつくった

日常的に家庭で食べている料理が、邑南町ではいつも旬の食材でつくられる。

「食の学校」では、そんな毎日の料理と季節ごとのお祭りで食べられている料理を、徹底的に調べて一冊の本にまとめた。町内のお母さん方にもち寄ってもらったり、「食の学校」に来てつくってもらったりしたのである。お皿やお椀などの食器も、家庭で実際に使用しているものをもってきてもらった。

そうやって二年がかりでつくった一二か月分の郷土料理のレシピ集が、二〇一六年（平成二八年）一二月に出版された『おおなん美味しい暮らし。』（グリーンフィールズ）である。

お世話になった編集スタッフに聞くと、邑南町ではお祭りなどのハレの日に当たり前のように家庭でつくり、食べられている「角《かく》寿司」が全国的に見ても珍しいと言う。

一般的には押し寿司と呼ばれるもので、木枠の型に酢飯と具を重ね圧してつくる。全国的には、型で圧した後、切って食べるものだが、邑南町の角寿司は型が分割されているので、切らなくても分割されたお寿司ができあがる。

この角寿司は「道の駅 瑞穂」でも大人気で、農家のお母さん三人が年間七〇〇万円を超える売上を叩き出している。毎日、彼女たちは自宅の加工場で、お父さんが育てた自慢の米で角寿司をこしらえて、道の駅にもって行って販売しているのだ。

これこそ、本物の六次産業化だろう。無理して東京に売りに行かなくても、派手なデザインにしなくても、本物はちゃんとみんなが買うのである。

担当の川久保さんと「耕すシェフ」たちは、この本づくりを通じて、邑南町の郷土料理やそれをつくるお母さん、農産物をつくるお父さん方に並々ならぬ興味をもち始めた。

イタリア料理を学びに来たはずの「耕すシェフ」の中にも、イタリア料理はそっちのけで、邑南町の郷土料理を勉強したいという者も出てきた。

僕は「ａｊｉｋｕｒａ」の立ち上げに際して、若者が興味をもつ料理のジャンルとしてイタリアンを選んだのだが、邑南町に学びに来た若者たちは、イタリアンよりも邑南町に昔から伝わる郷土料理や、それをつくる人たちに惹かれている。これこそ、本来あるべき姿なのではないだろうか。

「耕すシェフ」たちは分担して、地元新聞に邑南町の郷土料理の連載を受けもち、一年半の間、町の人を取材しては実際に調理して、記事を書いて伝えた。

イタリア料理も基本的にはイタリアの郷土料理である。本当にイタリア料理を学ぶのであればイタリアに留学した方がいいし、アレンジされた日本の現代イタリアンを学ぶなら「ａｊｉｋｕｒａ」より、東京のイタリア料理店で学んだ方が技術の取得はできる。

では、邑南町で何を学んだらよいか？　それはイタリアンではなく、邑南町の郷土料理だと思った。この郷土料理を若者たちがしっかり受け継ぎ、そして自分たちなりに創作して、次の世代につなぐ。これが本当の「Ａ級＝永久」だと思った。

こうして僕は次第に「邑南町の料理」をテーマにした本物のレストランをつくって、そこで「耕すシェフ」たちが学ぶことができればいいなあと考えるようになった。ただこの二〇一六年当時は、まだ具体的なコンセプトなどは浮かんでいなかった。

井澤由美子さんと出会う

「日和高原ミルクジャム」でお世話になった東京農業大学の前橋教授には、垣崎醤油店と連携して塩麹の開発も進めてもらっていた。

商品はできあがったものの食べ方の提案、つまりレシピの開発が進まず、どんな料理に使うとよいのか消費者に伝わりにくく、売れ行きは伸び悩んでいた。

前橋教授から「発酵食品に詳しい料理家を紹介するから、その人とレシピ開発をしてみたらどうだろう」という提案を受け、紹介されたのが井澤由美子さんである。NHKの「きょうの料理」ほか多くの料理番組に出演し、レシピ本もたくさん出している、発酵食材を使った料理の第一人者である。

東京に事務所を構える井澤さんとの最初の接触は、この年から邑南町東京PRセンターの職員になった岡田圭介《おかだけいすけ》くんに行ってもらった。彼の報告から、レシピ開発をしてPRするまでの過程を井澤さんが丁寧に教えくれたことがわかった。

まず、レシピをつくるのはそれほど難しいことではないらしい。それを発信するには一流のカメラマンに撮影してもらった方がいいのだが、スタジオ代やカメラマンのギャランティなど費用はかなりかかるので、邑南町や垣崎醤油店が負担することは難しい。

ただ、井澤さんが邑南町に来て、「食の学校」でアドバイスをするのであれば、自分が動くだけなので負担は少ないと彼女から逆提案してくれていた。

それならばなんとか邑南町でも対応できるかもしれない。僕は東京に行って井澤さんに会い、具体的な話をしてみることにした。

井澤さんとの初対面は、夏の暑い日だった。岡田くんと一緒に地下鉄・後楽園の駅から彼女のオフィスへと向かう。徒歩で一〇分くらいらしい。

しかし、歩いても歩いても到着しないのである。夏の暑い日中に岡田くんと三〇分以上も歩き続けた。結局「寺本さん、すみません。道、間違えていました」と謝ってきた。薄々、気づいていたが、脱力感の後に怒りがこみ上げてきた。

まだ岡田くんとの付き合いも浅かったので、「タクシーで行こうよ」とよそよそしく言って、タクシーを探すがなかなか見つからず、やっとの思いで空車を見つけて乗り込むと、井澤さんの事務所はすぐ近くで、あっという間に到着してしまった。井澤さんは約束の時間に遅れた僕たちを心配したのか、事務所の前で待っていてくれた。

事務所に通してもらって、すぐに出してくれた水の美味しさを今でも覚えている。初対面の井澤さんは、その水以上の清涼感だった。真っ白なシャツと笑顔がまぶしすぎて、僕は目が会うと赤面してしまった。爽やかな井澤さんに比べて、僕のＹシャツは汗で肌に張りついて肌着のラインが全開、田舎のおじさん丸出し状態だ。

隣に座っている岡田くんは僕より五つ若いが、ほぼ同じくらいおじさん状態になっている。それでも、彼は落ち着いて井澤さんと話を進めていった。

僕は恥ずかしさに初対面の緊張が重なって、あまり内容を把握できていなかったが、一度、邑南町に来てもらうことが決定したようだ。

料理を教えない料理家もいる

一か月後の八月、井澤さんは邑南町にやって来た。僕は「食の学校」で料理教室をしてくれるとばかり思っていたのだが、一向にその気配がない。農家を訪ねては、話を聞くばかりなのだ。僕は少し心配になった。

「この人、本当に料理ができるのだろうか？」「そういえば、東京ではテレビやレシピ本の出版ばかりしていると言っていたけど、本当は料理はつくれないのでは？」などと疑い始めた。おまけに最終日、彼女は「食の学校」でお母さん方が自主的にやっている、料理教室に一緒に参加したいと言い始めたのだ。僕は、ほら来た！と思った。

「料理家と言えば、料理教室をするものじゃないか。井澤さんはルックスのよさでメディアに出ていて、現場はアシスタントの人に丸投げしているのだろう」と心の中で毒づいていた。つくれないし教えられないから、お母さん方が開催する料理教室に参加して、お茶を濁して、東京へ帰ろうとしているのではないかと、岡田くんに冷たい視線を送って責めた。でも、東京では僕も同席していたので、表だって文句は言えない。

井澤さんは、この料理教室の間、ずっとお母さん方と一緒に料理づくりを楽しんでいた。お母さん方も、アシスタントをしていた川久保さんや「耕すシェフ」も、岡田くんまで楽しんでいるので、妙に安心した。そして、なぜか僕自身も井澤さんと同じ空間で仕事していると、妙に元気が出てきた。

これが井澤さんの、最初の邑南町訪問だった。しかし、彼女が町のみんなに料理を教えることはなかった。

その後、数回、邑南町に来てもらい、邑南町の農家や農産物、お祭りを見てもらった。料理教室が実現したのは一年後の夏だった。始まる直前、井澤さんから釘をさされた！

「私の仕事は料理番組や料理本、広告などの料理をつくることで、あまり料理教室はしないんです」

料理家とは料理教室を開催するのが仕事だと、僕は勝手に思っていたが、井澤さんはメディアを通じて、自分のアイデアを広めていく料理家だった。そういう仕事があるのだと、このときになってようやく理解できた。

と同時に、この一年間、井澤さんに対してずいぶん失礼なこともいろいろ言ったなーと猛省した。彼女は根っから素晴らしい人格者なので、不機嫌な顔はいっさい僕に見せなかった。

やるからには、「関わる」じゃなくて「参戦」する

待ちに待った料理教室で、井澤さんのつくった料理は、邑南町の夏を彩る野菜や鮎を使った素晴らしい発酵料理だった。

彼女の料理で、とくに印象に残ったのは角寿司である。それまで僕は、角寿司は田舎料理の代表的なもので美味しいけど少しダサいもの、と思っていた。

しかし、井澤さんの角寿司は僕の概念とはまったく異なり、お寿司の上に乗った具がとても色鮮やかで、繊細で、まるでケーキのような外観をしている。思わず写真を撮影したくなるくらい、美しいのである。まさに「インスタ映え」だ。

通常、角寿司をつくる升は二つか三つに仕切られていて、大きめなサイズ（名刺くらいの大きさ）になるのに対し、町内で木工をやっているおじいさんに依頼して、升を六つに区切って、一口サイズになるよう工夫されていた。

創造性に満ち溢れた、井澤モデルの角寿司。本当にすごいと心から感心した。彼女はこの一年間、邑南町のお母さん方や生産農家、職人、祭り、自然環境などを自分の目で見つめて、邑南町の過去と未来をつなぐ永久（A級）の料理をつくってくれたのだ！

僕が思い描いている理想の地産地消レストランを、井澤さんならつくってくれるのではないかと思った。

しかし彼女は今、日本で発酵料理の研究家と言えばまっ先に名前が挙がる存在だ。島根県まで来て山里の邑南町のレストランをプロデュースしてくれるわけがない、と弱気な考えも浮かんでしまう。それでも、やはり頼むとすると彼女しかいない！

そんな気持ちが上回って、思いを吐露してしまった。

「井澤さん、今度『ザ・邑南町』の料理を出せるレストランをやりたいんです。郷土料理を若者たちが受け継いで、さらに自分たちなりに創作して、次の世代につないでいく。そんな地産地消の本格的なレストランです。井澤さんにプロデュースお願いできないでしょうか？」

一瞬、彼女の目が輝いたような気がした。

「やるからには〝関わる〟のではなく、〝参戦〟します」

これ以上はない返事だった。彼女となら絶対、最高のレストランができると確信した。


これが、二〇一八年（平成三〇年）四月三〇日にオープンした「里山のからだにやさしい発酵レストラン 香夢里」である。

「香夢里」は「ａｊｉｋｕｒａ」と同じ香木の森公園にある。町が所有する建物をリニューアルして、「食と農人材育成センター」が指定管理者となって運営し、「耕すシェフ」の料理研修も民営化されていた「ＡＪＩＫＵＲＡ」からすべて移した。

町の人たちが何度も来てくれる

料理のコンセプトは、井澤さんの代名詞でもある「発酵」をキーワードにした。邑南町は海がない中山間地域で、昔から食材を発酵させて、冬場に保存するという食文化を持っている。これが井澤さんのイメージや彼女自身のテーマにバッチリ重なった。

そしてもう一つ。邑南町には石見和牛肉と石見ポークがある。「耕すシェフ」を指導するために、〈A級グルメ〉総料理長として邑南町に移住してきた紺谷シェフが、この特産の肉をカウンターの鉄板で焼いてくれるコース料理も用意している。

北海道でサミットが開催された際、紺谷シェフが、参加国のファーストレディの目の前で鉄板焼きを調理して提供したことや、井澤さん考案の「発酵かご盛りランチ」が大人気なことは第1章で述べた通りである。

「香夢里」には町の人たちが何度も来てくれる。

昔ながらの郷土料理、石見和牛肉のサーロインステーキやハンバーグ、石見ポークのトンカツなどなど、美味しい地元の食材が最高の一皿となって供されるこの店では、地元の人も、遠くから時間をかけてくる人も、同じように楽しんで笑顔になっている。

地元の人は邑南町の食の豊かさを再確認するとともに、遠方から足を運んで来た人が満足する様子に、自分たちの町を誇らしく思う。これもまた「ビレッジプライド」につながっていく。

お金や地位とは違う価値観

「耕すシェフ」の卒業生ほか〈A級グルメ〉事業に関連する店は、二〇一八年十月一日の時点で、町内に一〇店舗がオープンしている。地元の人たちもたくさんの飲食店を起業した。「耕すシェフ」の研修制度を始めて八年目、想定以上の成果と言っていい。

日本中の田舎で店が消え、若者も子どももいなくなって活気が失われているのに、なぜ邑南町では、その反対のことが起きているのか。「邑南町が活性化した秘密は？」と聞かれることがあるけれども、秘密でもなんでもない。やってきたことはここまで書いてきた通りである。

もう一度、要点だけ簡単にまとめると以下の三点になる。

・「食の学校」「農の学校」など、町の人たちが「食と農」を学べる場を提供。
・銀行と提携して「実践起業塾」を開催、融資を受けやすくした。
・地元出資により、地域に合同会社をつくり、空き店舗や空き家の改修を行い、「耕すシェフ」研修生とマッチングすることで、0円でも起業できる仕組みをつくった。

ただ、こうした仕組みは、机上の空論では絶対にできない。何度も現場に出向いて挑戦して、失敗して、軌道修正して、上手くいかなくてまた軌道修正して……それを積み重ねてきた一五年間だった。すべては試行錯誤なのだ。「まずはやってみる」という実行力と、走りながらの修正力が僕の長所だと、自分で分析している。

もちろん僕一人でできるものではない。多くの仲間と、町の人の協力なくしては成し得なかったことだ。ほかの自治体ではできなかった仕組みかもしれない。

なぜ邑南町で暮らす人々が、ここまで熱い気持ちでいられるのかと、僕はよく考える。得られた結論は「幸せとは何か？　町の人が追求し続けていること。そして幸せになることに貪欲なこと」だった。

今、邑南町には、全国から大勢の人が訪れる。視察でも観光でも、邑南町にやってきた人に感想を聞いてみると「大きな産業があるわけでもなく、所得もそれほど多くなさそうなのに、みんな生き生きとした顔して、楽しそうだ」と言って帰る。

お金や地位を求めているのではない。だが「自分の幸せとは何か」を住民それぞれが考えて、追求し続けているから、生き生きとした表情になる。そう僕は感じている。

人は楽しいところに行きたがる——「ビレッジプライド」を広めたい

ＮＨＫの『プロフェショナル 仕事の流儀』に取り上げられて以降、僕は全国の市町村から講演に呼んでもらうようになった。

講演では、必ず冒頭で「みなさん、楽しんでますか?」と聞いている。なぜ、そんなことを聞くのかと言えば、人は楽しいところに行きたいと思うものだから だ。逆に楽しくないところには行きたくない。

今、過疎化は日本全体で大きな問題になっている。東京も例外ではない。郊外のニュータウンで高齢化が進んで問題化しているのはよく知られている。東京でも広島でも、統計上は人口の増えている大都市を年齢層で細かく見ると、増えているのは高齢者で子どもは減少しているのである。つまり、邑南町が五〇年間歩んできた道である。高齢者が増えて若い人がいなくなる。商店が消え、コミュニティが先細りになっていく。

それを苦々しく思う人や自治体はとても多い。なんとかしたいと思うのはいいのだが、行動している様子がないのに、眉間にシワをつくってため息をついている。そんなところには誰も近寄りたくないだろう。

反対に、たとえ多くの問題を抱えていたとしても、その問題ごと、未来のテーマとして前向きに捉えて動く、そしてその動きを楽しんでいる人や地域はポジティブだから、人も外から行きたくなる。

では、どうすれば楽しめるのか。僕や邑南町の仲間たちが、困難な問題も前向きに捉えて、現状を楽しんでいられるのは、自分たち自身と地域に誇りをもって生きているからだと思っている。

僕には次の夢がある。自分たちの地域に誇りをもてずにいる人たちと、かぶっている「ホコリ」を振り払って、本来もっている「誇り」を表に出させようと取り組んでいるのだ。

最近、僕は邑南町東京PRセンターの岡田くんと、全国の地方に出向いては、邑南町でやってきた取り組みのノウハウを移築しようと模索している。システムさえ移築できれば、それぞれ現状に当てはめて課題が解決できると思っている。そこ住んでいる人たちは必ずビレッジプライドをもっているからだ。

すでに同志となる自治体を集めて「にっぽんA級（永久）グルメのまち連合」を結成する計画を進めている。この本が出るころには、形になっているはずだ。

「ａｊｉｋｕｒａ」や「香夢里」のような地域の特性を活かしたレストランや、邑南町で「耕すシェフ」たちが起業しているような食関連のビジネスを起こし、イタリアやフランスのような、ミシュランの星付きレストランを求めてわざわざ観光客がその町に行くような「食の町」を、全国に広げていきたいと思っている。

「美味しいものは地方にあって、本当にそれを知っているのは地方の人間である」——僕の掲げる「ビレッジプライド」のど真ん中がこれである。

私は見た！
寺本英仁の
ビレッジプライド
6

せっかちで口が悪いけれど、関わる人や邑南町への奥深い愛がある、はず

料理家・「香夢里」プロデューサー

井《い》澤《ざわ》由《ゆ》美《み》子《こ》さん

東京都出身。NHK「きょうの料理」ほか料理番組や企業CM、商品開発、雑誌・書籍などで活躍。発酵食と薬膳を組み合わせた体を元気にするレシピを提案している。

初めて邑南町に来たとき、「道の駅」で角寿司を見つけて、すごく素敵！　と魅了されたんです。郷土食のお寿司はお味噌の様に、それぞれの地方や家庭によって異なります。邑南町の酢飯の塩梅や具材はどんな感じか、また初めてみた独特の木型について知りたくて「食の学校」でお母さんたちの郷土料理教室に参加して教えてもらいました。

寺本さんは、私がなかなか料理教室を開かないので不満だったみたいです。でも、地元の方々の欲しいもの、好きなもの、生産されているものがわからないと、邑南町の食材を活かしたレシピを考えることはできません。

東京で生まれ育った私は、豊かな自然に恵まれた故郷がないこともあって、〝田舎〟が好きです。日本人の知恵が染み込んだ発酵食の宝庫でもあります。味噌や醤油、酒粕、漬け物など、発酵食は腸の免疫機能を高めるので体にいいことを話すと、お母さん方はとても興味をもって聞いてくださいます。

邑南町のお母さんたちと話をしているうちに、普通に手間をかけて漬け物を作り、毎日の食卓に上げていることを知って、素晴らしいと思いました。採れたての野菜をどう扱うかなども、新しく教えてもらいました。

邑南町の水が合ったんでしょうね。寺本さんに新しいレストラン「香夢里」のプロデュースを依頼されて、即座に応じました。

ここには感動する食材がたくさんあります。お米が美味しいから、私の大好きなお酒ももちろん美味しい。薬膳で使う生薬のナツメの話をしたら、数人のお母さん方が家や近所のナツメを採って、蒸して乾燥させて、ご親切に持って来てくださったことも。

私は食の仕事で日本中に出かけて、各地で公務員の人と仕事をする機会も多いのですが、寺本さんのいいところは、何でも即断即決で早いこと！　私の提案をすぐに町長に伝えて「やりなさい」という決定を引き出してくれる。一緒に仕事をするのに、私にはそれがすごく大切だしやりやすい。普通は時間がかかりがちなんですよ。それだけの実績があるから、役場や町のみなさんもついてくるのだと思います。

寺本さんはせっかちで口が悪いけれど、関わる人や邑南町への奥深い愛がある、はず(笑)。そんな風に感じています。

最終章　そして僕は「こうむいん」になった

三学期のできごと

僕の性格がどうやってでき上がったのか、参考までに（？）書き記しておきたい。ひとつひとつのエピソードが、今の自分をつくり上げたのだと僕自身では思っている。

小学校三年生の冬休み最後の夜、前の年に新築したばかりの家の居間で、父と母、そして五歳になる弟と一緒に寝ていた。外は雪が降りしきり、積もった雪がずり落ちる音を聞きながら、僕はなかなか寝つけなかった。

雪ずりの音が気になったというよりも、憂うつだったからだ。

「三学期早々、大雪かぁ。雪の中を歩いて登校しないといけん」

家から小学校までは三キロ以上ある。晴れていても、子どもの足だと一時間くらいかかる距離だ。気が重いだけでなく、右足の膝のあたりもだるくなってきて眠れなかった。

翌朝、母に「足が痛いから、学校まで車まで送って」と頼んだが、取り合ってくれない。

「冬休みのあいだ中、さんざん遊んで足が痛くなったんじゃないの？」

そう言われればそうかも、と僕も妙に納得して、次第に痛みが治まったのだから、子どもとは素直なものだ。平穏に新学期初日の登校をする気持ちになった。

一週間くらい経った土曜日、母親が「江津《ごうつ》の病院に行こう」と言った。

すでに足の痛みのことは忘れ、午後から友だちと遊ぶことばかり考えていたから「なんだか非常に面倒くさいことになってきた」と思ったことをよく覚えている。

「もう、足の痛みはないから、大丈夫」

そう言ってみたが、母親は聞いてくれない。車に乗せられて江津市の整形外科に行った。ほとんど痛みはなかったが、先生の問診が始まると、右膝のあたりを触りながら「このへんが痛い」と言うところは、我ながら要領のいい子どもだったと思う(笑)。

先生は僕の言っていることに真剣に耳を傾けてくれて、レントゲン撮影をした。その後、再度診察室に呼ばれたのは、父親と母親だけ。呼ばれなかった僕は、両親が出てくるのを待合室で首を長くして待っていた。

どのくらい待ったのだろう。やっと出てきたときの両親は、僕が生まれてからの九年間、見たことのない雰囲気だった。喜ぶ姿も怒る姿もたくさん見てきたが、悲しむ姿を見たのはこの日が初めてだった。

診察の結果、僕の右膝には腫瘍があり、手術をして開けてみないと、悪性か良性か判断できないと言われたようだ。家に帰り、小学校の担任の先生に電話をしていた母親は、その最中に泣き出した。

「英仁の前で、泣くのはやめろ!」

泣き出す声を聞いた父親が大きな声で怒鳴ったことで、子どもながらに自分の足は大変なことになっているのだと思った。電話が終わった後、両親から再検査を鳥取県米子市《よなご》の鳥取大学医学部付属病院で受けることを告げられた。いよいよ大変なことになってきた。

恐怖の入院生活

そのころ邑南町（当時は石見町）から米子までは、自動車で五時間半くらいかかったから、子どもの僕にとっては、外国の病院に行くようなイメージだった。遠いし、都会だし、それまでの日常とはかけ離れていた。

大学病院で検査を受けた結果、やはり右膝に腫瘍があり、摘出しないといけないと診断されて、米子での入院生活が始まった。入院直後の思い出は、恐怖の一言しかない。昨日まで一緒に遊んでくれた高校生のお兄さんの左足が、手術後に切断されているのである。その傍らに泣き崩れるお兄さんの母親の姿。電話しながら泣き崩れていた僕の母親と重なって、さらに恐怖が増した。

僕の両親は共働きだったため、病院の付き添いは母親の姉である伯母がしてくれた。眠れない夜、おそるおそる聞いた。

「僕の手術日はいつ？」

「手術をする前に、たくさん検査をするから、二月一四日になるみたいだよ」

優しく教えてくれた。あと二週間で僕の右足は切断されてしまうのかもしれない。恐怖感がさらに増大したが、それを伯母に言ってしまうと、伯母が相当悲しむのではないかと思い、心にしまっておいた。怖くて、悲しくて、重苦しい気持ちのまま、病室での日々が過ぎていった。

手術の前日、午後からは麻酔の検査があった。検査の前、看護師さんが僕に「えらいですか？」と聞いた。なんでそんなこと聞くのだろう。

「中の上くらいです」と答えた。学校の成績かと思ったからだ。看護婦さんは困った顔をした後、大笑いして説明し直してくれた。「えらい」は、米子の方言で「苦しい」という意味だと。実のところ成績には自信があったのだが、謙遜して「中の上」と答えたのだ。

僕も大笑いして、おかげで緊張や恐怖心は一気に吹き飛んだ。ともあれ、それまでよりずっと穏やかな気持ちで手術を迎えることができたのは、非常にラッキーだった。

当日、手術台にのると、口にマスクを当てられた。子どもへの配慮かマスクの中は、メロン味がした記憶はあるが、その後はまったく覚えていない。

手術は四時間かかったみたいだ。意識が戻った瞬間、僕は無意識に右足のふくらはぎを触った。僕の足が切断されていないかを確認したかった。足の感覚はあった。

よかった。僕の腫瘍は良性のものだったらしい。足があることを確認した後、再び深い眠り落ちた。右膝あたりがひどく冷たく重かったことだけ、今もはっきり覚えている。

目を覚ましたとき、病室には両親、弟、伯母、それに多くの親戚が邑南町からやって来ていて、みんな泣いていた。手術は上手くいき、腫瘍を取り除くことができたのだ。右足は膝から一五センチを切開、二〇針縫ってあったが、順調に回復して三月には退院できた。桜の花が咲くころには、無事四年生に進級した。再発を心配して小学校の間は米子の大学病院に通ったが、幸いそのまま完治したのだった。

おばあちゃんは命の恩人

そもそもなぜ「学校に行け」と言っていた母親が態度を急変し、引っ張るようにして僕を江津市の病院に行ったかと言えば、僕のおばあちゃんが、「どうか病院に連れて行ってやってくれ」と真剣に頼んだからだった。

「英仁が、足が痛いと言っていた」と、僕の母親が漏らしたのを聞いたおばあちゃんは、通学する僕の足をずっと見ていたらしい。少し引きずっている様子に気がついて「病院に連れて行ってやってくれ」となったのだという。両親は、仕方なく（？）僕を病院に連れて行ったようだ。

悪性で手遅れになったら命を失っていたはずだし、命は助かっても右足はなかったところだ。結果として良性だったからよかったものの、悪性化して再発する心配もあったらしい。おばあちゃんは、まさに僕の命の恩人だった。

僕はこのおばあちゃんの影響を受けて生きてきたことは間違いない。両親は共働きだったため、保育園に入園するまで、祖父母と伯母の三人が僕の面倒を見てくれた。今でも僕は、この三人からは、たくさんの愛情を受けて育てられたと感じる。

無口でおばちゃんの言うことを何でも黙って聞く祖父、僕のご飯や身の回りの世話をしてくれる伯母、そして僕の言うことは何でもいちばん正しいと思ってくれるおばあちゃん。

おばあちゃんは「目に入れても痛くない」と、いつも僕に言っていた。今、考えてみるとすごく甘やかしてくれていた。だから僕の教育方針をめぐって、よく母親と対立していた。

入院の一件も、実のところ半分は学校に行きたくない言い訳として、足が痛いと言ったのだ。だけどおばあちゃんは僕の言葉を信じてくれて、母親に病院に連れて行ってくれと熱心に頼んでくれた。もっとも、おばあちゃんはあまりに僕中心に考えてくれるので、周りはかなり迷惑していたと思う（笑）。大人になってみるとよくわかる。

「こうむいん」になるとおばあちゃんが喜ぶ

でも僕は、そんなおばあちゃんが大好きで、いつも畑で農作業をする姿を見ているのが好きだった。おばあちゃんは畑で採れた農産物を近所におすそ分けして、そこでおしゃべりして帰るのだが、人に野菜をあげることが嬉しそうだった。

子ども心にも物をもらうのは嬉しいことは理解できる。でも、自分が一生懸命に働いて、やっとできた野菜を、いつもいつも近所の人にあげて、おばあちゃんの方が喜んでいる姿を見ると不思議に思っていたので聞いてみたことがある。

「なんで、よその人に野菜をあげるとき、おばあちゃんは嬉しそうなん？　もらった方が嬉しくない？」

「おばあちゃんが一生懸命つくった野菜を、近所のみんなが喜んで食べてくれることが、おばあちゃんはいちばん嬉しいんだよ」

人は与えられるより、自分が大切なものを人に与えることが幸せなんだとうっすらと感じた。

小学校に入学する前、僕はおばあちゃんに自転車を買ってもらった。僕が喜んでいる姿を見て、おばあちゃんは本当に幸せそうだった。

おばあちゃんは、いちごを三か月かけてつくり、早春に出荷する。

僕は小さないちごや形の悪いいちごなど、出荷されないいちご（おばあちゃんは「クズ」と呼んでいた）と牛乳、砂糖をミキサーにかけたいちごジュースが大好きだったのだが、出荷用のきれいないちごは食べたことがない。僕だけでなく、いちごをつくっていたおばあちゃんも、祖父も伯母もないと断定できる。僕に食べさせないのに、自分たちが食べるなんて考えられないからだ。

おばあちゃんは、そんな手塩にかけて育てたいちごで、僕の自転車を買ってくれたのだった。お店から自転車をもって帰る際、おばあちゃんが、

「英仁の自転車買って、今年のいちごでもらったお金はなくなったわー」

と言っていたのをよく覚えている。僕は自転車を買ってもらって嬉しかった反面、いちごを三か月、三人でつくっても、あまり儲からないんだなーと幼心に感じた。


翌年、僕は小学校に上がった。おばあちゃんは、僕に勉強をしなさいと口癖のように言った。学校のテストでよい点を取るたびに喜んでくれるので、勉強するのが楽しかった。丸のたくさんついたテストを見た後、おばあちゃんは喜びながら、これまた口癖のように言っていた。

「農業では食べていけないから、一生懸命勉強して、大きくなったら公務員になってくれればなぁ」

「こうむいん」という仕事がどんなものか、もちろん当時は理解していない。でも、おばあちゃんが喜ぶのなら、「こうむいん」を目指したいなー、と小学生のころは思っていた。

東京に行きたい！

しかし中学生になると、そんな気持ちは薄らいでくる。田舎で公務員になるより、町を出たいと思う気持ちが次第に強くなって、高校は広島県の新庄高校（現・広島新庄高校）に、石見町からは僕一人が進学した。

大学は東京を目指し、東京農業大学に進んだ。なぜ、東京農業大学だったのか。そのいちばんの理由は、テレビのブラウン管（当時は！）を通して見ていた東京の風景に憧れたからだ。

何を勉強するのか、すればいいのかは二の次。とりあえず、身近な農業を学問するという農学部がとっつきやすかったからだ。「東京」が一番、「農業」が二番、「大学」が三番目という、僕の脳内序列通りの大学名だった。

ともあれ浪人することなく合格して、憧れの東京に行けることになった。

東京に向かうその日、広島駅まで父親に車で送ってもらった（高速道路が開通するのは翌年末のことで、当時、バスなら広島市内まで三時間近くかかった）。

田んぼにはようやく春が訪れたばかりのころ、田舎の風景が遠ざかる。一抹の寂しさはあったが、これから東京ではテレビの中のような都会暮らしが待っているんだろうなーと本気で考えながら、町を離れた。

東京農業大学は世田谷区の桜丘という場所にある。その地名だけで嬉しくなってくる。入学式を迎える四月は桜が満開、まるで、僕が入学したことを東京が祝ってくれると勘違いしてしまうくらいの美しさだった。希望に満ち溢れた風景だった。

入学式を無事終え、学科でのオリエンテーションが始まった。

東京農業大学は比較的地方の学生も多いが、やはり大半は首都圏から通学する学生たちだ。僕が入ったのは農学部拓殖学科（当時）で、発展途上国への農業支援を中心に学ぶ。海外青年隊を目指す学生も多く、今でいう「意識高い系」の、都会の農業男子・女子の集団である。僕のように第一の志望動機が、「東京行きたい！」という不純な学生は少なかった。

オリエンテーションのとき、書類に実家の住所を書き終えると、隣に座っている女の子が、妙に不思議そうに記載された住所を眺めている。

僕は気になって慣れない東京弁で尋ねてみた。

「どおかした？」

「邑智郡て珍しいね！　普通、区とか市なのに、住所が『郡』なんて人、初めて見た！」

そこか！　気になっていたのは。

「僕も区に住んでる友だちなんて一人もいないよ」

と切り返して、笑いをとって仲よくなり、夢のような東京の暮らしが始まった、というのは後から考えた妄想で、今と違って当時の僕は、とても恥ずかしがり屋だったので、顔を真っ赤にして俯いているだけだった。

早々に、自分の町の田舎さ加減を思い知る先制パンチをくらったように感じた。全国から学生が来ているのだから、郡の出身者もたくさんいたはずだが、以降、自分の故郷の話題をできる限り避けるようになってしまった。

とはいえ、東京の学生生活はすごく楽しかった。テレビでしか見たことのなかった都会に、自分も身を置いているというライブ感を満喫していた。大学に入った一九九〇年はバブル景気の最後の年だ。田舎から上京した身には、イメージ通りの華やかさの中に、自分がいることだけで満足していた。

スクーバダイビングに熱中した学生時代

学生時代は、スクーバダイビングの世界にどっぷりと浸かった。

小学生のときテレビで見た（何でもテレビですが、ほかに情報源がなかったのです……）海中の光景に、僕はすっかり魅せられていた。山里に生まれ育ちながら「生まれたからには一度は体験してみたい」と、ずっと憧れていたのである。

東京に行ったら、海に潜ることもできるのではないかと考えていたのだが、よくよく考えてみれば、沖縄やハワイに行った方が、簡単に海に潜れそうだ。でも当時の僕は、東京がすべてだったから、東京に行けば何でもできると思い込んでいたのである。

スクーバダイビングにはライセンスが必要だ。そのライセンス取得費用に八万円、その後、ウェットスーツなどの機材を購入するに三〇万円程度かかる。大学生の趣味にしてはかなり高額だった。だから大学一年生のときは、資格取得の費用をためるアルバイトに明け暮れた。主に羽田空港での貨物運びである。

かなりの重労働で、学生の間では人気のないアルバイトではあったが、高額な時給と自分の都合のよい時間で働けたのが、この貨物運びの仕事を選んだ理由だ。

一年間みっちりアルバイトをして、大学二年生の夏、静岡県の沼津《ぬまづ》市大瀬崎《おせざき》で三泊四日の講習を受け、念願のスクーバダイビングのライセンスを取得した。小学生のころから憧れていたライセンスだ。一年間のアルバイトの苦労なんか、すべて忘れるほど嬉しかった。

海中の世界は僕が想像していた以上に神秘的だった。子どものころの足の腫瘍のことを考えると「幸せ」の一言に尽きた。もしかすると、僕はこの光景を見ることはできなかったのかもしれないのだ。潜っているとき、「生きている」ことにすごく感謝して、涙が溢れてくるくらいだった。

だが人間は、生きていると欲深くなるものだ。潜ることができれば満足と思っていたのに、しばらくすると、もっと青い海を体験したい、子どものころにテレビや図鑑で見たクジラやマンタ（世界最大のエイ）など、海の生物に会いたいと思うようになるのである。

まぁ、「欲」があるのは大事なことで、現状に満足してしまうと新しいことができない。今はそう思う。念願が叶えば、すぐまた次のステップを目指すことは仕事をしていく上でも大切だ。欲とか好奇心はその要素になるからである。

もう少し勉強に欲がもてればよかったのだろうけれど、大学時代の僕の欲は、海に潜ることにだけ向かっていた。家計を切り詰めて仕送りをしてくれた、島根の両親に本当に申し訳ない。

水中写真で「獲物」を狙う

ともあれライセンス取得後の次の目標は、マンタやクジラのいる青い海、沖縄で潜ることに切り替わった。ますます羽田空港での貨物運びのアルバイトに拍車がかかる。

そうやって大学三年生の夏、沖縄県石垣島の川平《かびら》湾で、念願のマンタを見ることができたのである。正直なところ、人生でいちばんの衝撃を受けたのが、このマンタとの出会いだった。海の中にいるだけでも陸上とは別世界なのに、畳にすれば二〜三枚のサイズがある物体が群れをなして泳いでいるのだ。サンゴの上をクルクルと、まるで舞台で踊るダンサーのようである。

僕にとって、マンタは海の生物と言うより、子どものころにテレビで夢中になった『ウルトラマン』に登場するバルタン星人のような、問答無用に魅力的な異次元の存在に思えた。大学生の僕のヒーローになったのである。

「このマンタと戦いたい！」というのが、次の欲となり目標となった。

もっとも、マンタと海で戦うことは不可能だから、写真に収めたいと思ったのだ。狙いを定めてシャッターを切るのが射撃と似ているのである。

僕が水中写真を始めた理由が、まさにそれだった。美しい水中の世界を切り取って構図に収めることより、獲物を狙う漁のような感覚だった。だから最初のころは、写真を撮ったらそれで満足してしまって、現像をすることはほとんどなかったくらいだ。今と違ってフイルムカメラの時代だから、現像しないと見ることなんかできない。現像代も惜しいのでフイルムがひたすらたまっていく。

ただ獲物を狙ってシャッターを切ることで満足していたのだから他愛ない。やはり僕にとっては「漁」であり「戦い」の気分に溢れていたのだ。


さすがにしばらくすると、スクーバダイビング仲間の先輩からの助言で現像するようになった。仕上がった写真を見ると「今度はこう撮ってみよう」「こんな写真が撮りたい」などとまた欲が出てくる。そうなると写真の腕もぐんぐん上がって、多くの写真コンテストで入賞するようになった。「水中カメラマンになりたい！」という夢も湧いてきた。

これでは、ますます大学の勉強はしなくなる。

しかし、せめて四年で卒業しないと、仕送りをしてくれる島根の両親、僕が東京で立派になるために勉強していると思い込んでいるおばあちゃんや祖父、伯母に申し訳ない。折に触れ、そんな思いがよぎる。三年生からは、大学での勉強、アルバイト、海の三つにバランスよく力を注いだつもりである。

地元・島根の美味しいものとは？

三年生になると、卒論研究の題材を決めるために、自分が専攻する研究室に通うことが多くなる。その研究室でゼミ（少人数の研究グループ）に入って専門的なテーマの勉強をするのだが、僕が選んだのは熱帯病理の研究室だった。ここを選んだ理由も、誉められるようなものではない。二年生のとき、スクーバダイビングに夢中になりすぎて、希望ゼミの申し込みをしなかったため、勝手に振り分けられた研究室だった。

夏休みの後、ゼミの先生から、出身地の美味しいものを持ち寄って懇親会を開こうという提案があった。僕も何か邑南町（旧石見町）のものをもっていかないといけなくなったのだが、東京に行くまで、地元にとくに興味をもっていたわけでもなく、何を選べばよいか、見当もつかなかった。実家にめったにかけない電話をして、母親に相談してみた。

「邑南町（旧石見町）の特産物？　東京のみなさんに満足してもらうものって何かねぇ」

と、電話口で悩むばかりで、僕の期待する回答を得ることはできなかった。

数日後、実家から小包が冷凍便で送られてきた。開けてみると牛肉だった。思い出した。石見和牛肉だ！　実家では、お祭りやお祝い事のとき、地元の石見和牛肉で焼肉やすき焼きをしてくれたのだ。食べる機会は年に数回しかなかったのだが、僕にとっては最高のご馳走だった。


ただ、東京は全国の美味しいものが集まる場所だ。和牛と言えば有名なのは松坂牛や神戸牛。自分の町のブランド牛である石見和牛肉はまったくの無名である。大学生が、松坂牛や神戸牛のようなスーパーブランド牛を食べ慣れているとは思わないが、無名の石見和牛肉をゼミの仲間が喜んでくれるかどうか、かなり不安があった。

懇親会当日、学生たちが自分の故郷の名産品をもち寄って、研究室はさながらデパートの物産展みたいになった。見たこともない海産物の干物から燻製、発酵食品、カイコのサナギの缶詰まで特徴ある食材が集まった。もちろん全国の酒もある。博多の明太子や鹿児島の黒豚など、僕のような田舎育ちの大学生でも知っているような、そうそうたる食材も並んでいた。

石見和牛肉の実力を知る

そんな中でまったく無名、地元の石見和牛肉は、みんなからどう思われるのだろう？　ふと、入学当時に「郡」を珍しがられた嫌な思い出がよぎった。

牛肉をもってきたのは僕だけではなく、飛騨牛や米沢牛などもあった。ブランド牛の番付としては大関か三役クラスだろう。そのときの僕のイメージでは、石見和牛肉は無名の幕下クラスのような気がしていた。

もち寄った素材を順番に料理したり、酒の肴にしたりしながら、わいわいと飲んで食べると、どんどん食材は仲間たちの胃袋に収まっていった。

焼肉が始まった。焼肉は懇親会の中でいちばんの人気料理で、食材の注目度はものすごく高かった。とうとう僕がもってきた石見和牛肉をみんなが試食する番が回ってきた。仲間たちから「美味しい」と褒められることなんか望まない、ただ無難に次の食材の試食に順番が回って欲しいと僕は祈るような気持ちだった。

「この肉、スゲェーじゃん！」

石見和牛肉を口に運んだ仲間から第一声が上がる。その声が合図になったかのように、次々と歓声が上がる。

「柔らかい肉だねー」

「石見和牛肉って聞いたことないけど、島根の寺本んとこの肉だって」

「へぇ、島根県」

「スゲー美味いよ！」

などなど。それまで僕は、島根県出身ということがかなり恥ずかしく、友達にあまり故郷の話をしたことがなかったのだが、自分の生まれた町を褒められるのは、こんなに嬉しいことなんだと初めて知った。そんな中で、

「お前の地元のこの和牛、東京のどこで食べられるの？」

という声が耳に残った。東京で邑南町（旧石見町）の食材が売られているのを、僕は見たことがなかったし、地元でも東京に石見和牛肉やほかの食材を出荷しているといった話を聞いたことがなかった。

これだけ美味しいと言われて、みんなが喜んでくれた石見和牛肉が、東京ではまったく食べられていない状況が残念で、「本当に少しだけでも広まればなぁ」という気持ちになった。そのときの感情をよく覚えている。

好きなことを仕事にするには

そうこうするうち、四年生進級前の春休みを迎えた。周りの同級生は就職活動をしているのに、僕は水中写真に没頭していた。就職活動をしなくてはいけないと思いながら、プ

ロの水中カメラマンになる夢が捨てきれなかった。

そんな折、実家に帰省する機会があり、おばあちゃんと話をした。おばあちゃんの関心は、僕が卒業して田舎に帰ってくるかどうかである。

「英仁、東京で就職をするのか？　お前は長男だから田舎に帰って、役場か農協に入って、家を継がなくては」

これが口癖になっていて、何度も繰り返すものだから僕は聞き流していた。

東京に住んでいれば、海に潜る仲間も機会も多い。島根に帰ればスクーバダイビングをやっている人なんて誰もいないだろうし、みんなから変な目で見られるのではないか。今思えばとんだ勘違いなのだが、東京で就職することに、それも海に潜る仕事に憧れていた。学生生活をスクーバダイビングに捧げた甲斐あって、僕はプロガイドダイバーの資格を取得しており、願わくば、プロの水中カメラマンになりたかった。


四年生の五月くらいだったと思う。プロの水中カメラマンによる撮影風景を見る機会があった。場所は静岡県沼津市の大瀬崎。僕がライセンスを取った思い出の海だ。その場所で、撮影の現場に同行して潜らせてもらったところ……。

朝早くから夜遅くまで、水中のハゼやエビなど、虫眼鏡でないと見えないような小さな魚たちを、何時間もかけて撮影しているのである。同行を許してもらっている僕の方が音を上げてしまった。その単調さを味気なく感じて、耐えられなくなってしまったのだ。

僕が水中カメラマンを志望したのは、南の島のサンゴ礁の中で優雅に泳ぐ回遊魚やマンタを撮影するためだったから、プロになったら、伊豆の透明度五メートルの海中で、肉眼では観察することも不可能な魚たちを撮影しないといけないのかと思うとげんなりした。

自分の本当にやりたい仕事を一つするためには、引き受けなくてはいけない仕事が九つはある。水中カメラマンに限らず、フリーランスでもサラリーマンでも、それが「仕事をする」ということの大原則だと今ならわかるが、当時はすっかりやる気が萎えてしまった。

「この人は本当に海に潜ることも、写真を撮ることも好きなんだなぁ。仕事が好きなんだなぁ」と心から感心した。おそらく僕は、彼のようにどんな海でも潜ることはできない。

もしかしたら、北極での撮影もあるかもしれない。頭の中でそんな想像をするだけで、ゾッとした。我ながら情けない男である。

結局、役場を受験する

「好きなことが仕事にできることはいいなぁ」と思うと同時に、「海は趣味にとどめておこう」と考え直した。だが、今さら好きな仕事も探しようもない。東京暮らしは魅力的だったけれど、どんな仕事をしたらよいか自分では判断できなかった。

何よりも就職活動を始めるには遅過ぎる。しかもバブルが崩壊して就職氷河期に入った最初の年で、「東京で就職する」ということ自体、異様にハードルが上がっていた。

結局、おばあちゃんが念仏を唱えるように繰り返していた「地元に帰って来い」という言葉を心から捨てきれず、悔しいけれど田舎に帰って役場を受験することにしたのだった。そうなると九月に一次試験がある。

夏休み、海には行ったけれどもアルバイトは控え目にして、公務員の受験対策を行った。

ひたすら勉強した甲斐あって、一次試験の学科は無事クリアして、一〇月の面接と二次試験に進むことができた。ゼミの先生に役場の一次試験に合格したことを報告すると、目を丸くして驚かれた。海にばかり行って年中、真っ黒で健康的なのはいいけど、勉強の方はサッパリだったから、驚かれたのは当然である。

僕は先生に二次試験の作文で何をテーマに書けばよいか相談した。町にどう貢献できるかをPRするのが課題だったと思う。地元の石見和牛肉を全国に発信したいと書けば、いくらでも書けたのだろうが、当時は若さが先立って自分のやりたいことがさっぱりまとまらず、日ごろは避けていた先生にすがったのだった。

「君の田舎は、米ばっかりつくっているから『アマランサスの種を播いて、産業振興をする』というのがいいんじゃないか」

アマランサスというのは、秋に花壇で赤い花をつけるケイトウの仲間で、南米では古代インカ文明のころから種子を食用にしてきた雑穀だ。最近は健康にいいスーパーフードとして宣伝されているから、ご存じの人もいるかもしれない。

先生のアドバイスが効いたのか、なんとか二次試験もクリアして、町役場に合格することができた。もっとも、入庁して二四年目になるが、このアマランサスの種を播いたことは一度もない。

「痛いヤツ」として東京を去る

一九九四年三月、卒業式を迎えた。教員免許の修了証も受け取ることができた。両親から「教員免許を取得して欲しい」という、たっての願いがあったからだ。

実は、農学部で教員免許の単位を取得するのは至難の業なのだ。通常の講義の終了後、教職の単位のために受講すると、ほぼ毎日、夜七時くらいまで拘束されてしまう。四年生の春には二週間の教育実習もある。

スクーバダイビングの仕事をしたいと思いながら、親の願いも聞いて教職科目も受講する。よく言えば「バランス感覚がよい」ということになるが、悪く言えば「自分自身に信念がない」。つくづく自分らしいと思う。

ただ、この卒業式を迎える数週間前、僕は教職科目の追試に苦しんだ。どうしても、教育心理学の単位が取れなかったのだ。これが大きな誤算となり、三月に卒業旅行と称して海外で潜る計画を立てていたのに、結局、断念せざるを得なかった。

そのことがあまりに腹立たしかったのか、卒業式の日、僕は八つ当たりのような暴挙に出た。卒業証書と教員免許は、卒業式終了後に教室で一人一人に授与される予定だったのだが、僕は誰もいない教室に一人で向かい、教授の許可も得ず、置いてあった自分の卒業証書と教員免許を黙って勝手にもち帰った。その後に予定されていたゼミの謝恩会にも出席せず、当日の夜、長距離バスで島根に帰ったのだった。

こうして僕の東京生活は終わった。

既に下宿は引き払っていたし、当時は携帯電話もなかったから、誰からも連絡がなかったのが救いだった。自分でも変わり者の困ったヤツだったなーと恥ずかしくなる。今の言葉で言えば「痛いヤツ」そのものだった。

僕の「現場」は林業だった

中途半端に水中カメラマンを志望するも思いは果たせず、中途半端に島根県の地元に帰り、自分の町（合併前の石見町役場）に就職した僕である。

おそらく、同期で入庁した職員の中で僕がいちばんパッとせず、考え方の甘い新人だったことは間違いない。おばあちゃんは僕が実家に帰ってきたことを手放しに喜んでくれたが、当の僕は「どうしたらスクーバダイビングを楽しくできるか」ばかり考えていた。周りは不安だらけだったと思う。

役場に入庁して、配属されたのは農林課（後の産業振興課）だ。そこの歓迎会で驚いたのは、恐ろしく酒が強い先輩が多いこと。大学時代のゼミの飲み会が、いかに子どもだましだったか痛感した。翌日、僕は人生最悪の頭痛に見舞われた。一方、先輩たちは朝から、昨日のお酒など感じさせず、元気にピンピンしている。僕は「こんな強者たちと仕事していくのか……」と心の底から気が重くなった。

先輩たちは「現場に行ってきます」という言葉を残して外に出て行く。僕は席に着いていることが辛くなり、先輩たちの真似をして「現場に行ってきます」と言って立ち上がった途端、課長から「お前、まだ現場ないだろう」と笑われた。

現場とは、町内で自分が受けもっている仕事の場所のことだ。新人の僕にはまだ、現場などあるはずもない。


五月の連休明けに、初めて担当を言い渡された。林業担当だった。海の担当であれば、かなり気分も盛り上がったと思うが、邑南町（旧石見町）は中国山地のど真ん中、海の担当など物理的に無理なのである。海とは正反対の林業は、まったく興味の湧かない分野だった。

大学で学んだことも熱帯農業だから、すぐに役立つものではないのだが、せめて農業の方がまだ興味がもてたかもしれない。

そんなもやもやした不満はあったけれども、ともあれ現場を持つことができた。一日中、役場で机に向かっているのも苦痛で、早く現場に出たかったから、ちょっと救われたような気がした（それも甘い考えだったことがすぐにわかるのだが）。

若者のモチベーションは上がらない

僕の現場は、町が植林しているスギやヒノキの管理だった。木の周囲の下草を刈る「下刈り」、余分な枝を落とす「枝打ち」、木の成長を促進するために成長の悪い木を間引く「間伐」、積雪で小さな木が倒れたものを起こす「雪起こし」などの作業を行い、造林地を管理する仕事である。

専門的には「保育」という。この言葉からは、植林してまもない幼木をイメージするかもしれないが、担当していたのは、植栽して二〇年目くらいの木が多かった。

とにかくこの林業というものは気が遠くなるほどの時間がかかる。伐採は五〇年後が予定されていたから、担当しているほとんどの造林地では三〇年も先のことだ。結果が一年で見える農業とは違う、とりわけ若者にはモチベーションが上がりにくい仕事なのである。

それに田畑なら、手をかけて作物が豊かに実れば、多くの人々の目に留まる。ところが造林地をいくらきれいに管理しても、役場の担当職員と事業を委託していた森林組合の職員しか目にすることしかないから、なおさら地味なのだ。

今の年齢になれば、植林によって保水され自然環境が守られる尊い仕事であることも理解できる。だが新人一年目の僕には、意義を理解して納得する域にはまるで到達できなかった。

今年（二〇一八年）で僕が役場に入って二四年、場所によってはようやく伐採の段階に入ってきたところである。しかし現況では木材の価格があまりに安く、伐採がしにくくなっている。こうした木の活用は邑南町だけでなく日本全体の課題になっている。

あれだけ行ってみかたった現場だが、いざ毎日のように山に入って、現地確認と測量をするとなると、歩くたびにつまずいて擦り傷が絶えない。

山慣れした森林組合の職員に同行しているので、その人に遅れをとるまいと歩幅を広くすると、それだけつまずく確率が高くなる。山は小股で歩くのが基本だが、海男の僕はどうしても身につけることができない。現場嫌いになるのに、時間はさほど要さなかった。

「水に合わない」仕事ばかり

週末には、毎週のように町内でイベントがあって、農林課の職員も当然、イベントスタッフとして借り出された。「石見和牛肉の丸焼きイベント」とか「自治会自慢のれん市」

といった農産物の販売がテーマのイベントだ。

新人の僕の役割は、金曜日の夕方にテントを張り、日曜日にテントを片づける係だった。数人で担当するとはいえ、運動会で使うような幅四メートル×奥行き二メートルのテントを一〇張りくらい作業すると、いくら若くても日曜の夜は疲労困憊、ぐったりしていた。


それより僕のモチベーションが上がらないのは、この町で開催されるイベントは、数百人規模の来場者のほとんどが顔見知りの町の人間だったためだ。しかもほとんどは中高年。若者よりもずっと老人が多いのである。ほんの二〜三か月前まで住んでいた東京の渋谷や新宿の街角で見た、若者がバンドやダンスで盛り上げるイベントとは程遠い。

出し物は必ず石見神楽《かぐら》という郷土芸能で、テントで販売される出店者の品物は、地域の特産品なのである。今でこそ、地域の神楽や特産品こそが「宝」だと考えているけれども、新人職員だったころの僕にはまったく理解できるものではなかった。

しかも来場者は少ないのに、お昼過ぎには、ブースの商品も売り切れている。よく観察して見ると、出店者同士がお互いの商品を買い合っているのだ。

今考えると、これは「お互いの商品を認め合う」という地域における経済循環の原点なのだが、当時の僕は、そんなことに気がつけるような段階ではなく、「何て意味のないことをしているんだろう？」と冷ややかに見ていた。

担当している林業の仕事も、週末のイベントも、そのころの僕は「水に合っていない」と思い続けていたのである。

情熱を注いだのは山ではなくて海

水に合っていたのはスクーバダイビングと、島根に帰ってからもしっかり取り組もうと考えていた水中写真だ。ところが、僕の町にスクーバダイビングをやっている人はいない。しかも島根県が面する日本海沿いはサザエやアワビの宝庫なので、漁業者や漁協のダイバーを見る目は、関東に比べて非常に厳しかった。ほとんど密猟者のように思われていたのだ。

それでも僕は海へ通い詰めた。仕事に情熱がもてなかった分、海への情熱がひときわ強くなったのだ。平日は朝四時に起きて、一時間車を走らせて大田市《おおだ》の海に向かう。五時半から六時半くらいまで一時間ほど潜り、八時半に始まる役場の仕事に間に合わせていた。その情熱には、われながらすごいものがあったなぁと感心する。とにかく、田舎に帰って、「自分には水中写真の世界しかない」とそれまで以上に思うようになっていた。

漁協にも何度も足を運び、ダイバーが海に潜る目的はアワビやサザエを採取することではなく、水中の景観や生物を楽しむものであることを説いてまわり、潜水できるポイントの解放を求めた。

そんな努力の甲斐もあってか、日本海のスクーバダイビングスポットも少しずつ解放されていき、僕が地元に帰って五年が経過するころには、数では関東には及ばないものの、広島のダイバーが潜りに来るようなポイントがいくつかできたのだった。

県内でもスクーバダイビング愛好家を増やしていこうと、僕が指導してスクーバダイビング仲間を増やし、一〇名を超えるようになっていった（実はその仲間の一人が僕の妻である）。


当時、日本海の美しい海に潜るたび、多くのゴミが海中に存在していることを目にして心が痛んだ。自転車や冷蔵庫などが沈んでいることもあった。

この美しい日本海を後世になんとか残していきたいと考えていた僕は、いつしか海中に放棄されている粗大ゴミの写真撮影に夢中になっていた。気がつけば、海中の美しい風景や生物ではなく、海中の粗大ゴミばかり撮っていたのだ。

一九九九年に島根県立美術館ができたとき、撮りためた写真で、日本海の環境を訴える写真展を開くことができたのは、若かりしころのちょっとした自慢である。

「木炭を活用した振興策」とは

そんな充実した水中写真ライフを送る僕を、唯一悩ませていたことがある。ほかでもない、本業である役場の仕事である。入庁して五年の月日が経過していたが、平日は担当の林業で山ざんまい。週末のほとんどはイベントに潰されてしまって、土日で海に行けるのは一年に何回もない。本当に限られていた。

そんな状態だったのに、さらに新しい仕事が舞い込んできた。やっと造林の仕事にも慣れ、山もだいぶ上手に歩けるようになったのに……。「あー、やっかいなことになったなぁ。またしばらく海に行けなくなるじゃないか」とため息をついたのは言うまでもない。

新たな仕事は木材の活用策だった。具体的には、木炭を活用した林業の振興策だ。かつては炭焼きがさかんだったこの地域だが、二〇年前の当時、すでに炭焼きをしている人はほとんどいなくなっており、木炭を復活させて林業に活路を見い出そうという事業だった。

特段のアイデアも思いつかないし、余分な仕事が増えて海に潜りに行けなくなるのではないか、というのが僕のいちばんの心配ごとだった。そうは言っても、仕事は仕事である。積極的とは言わないが、取り組んでみることにした。

まずは、過去に木炭の仕事を経験したことのある住民を集めて振興策を探ってみたところ、「炭釜をつくることが先決」という意見が多く、島根県の補助金「森の恵み育成事業」を活用して炭窯《すみがま》を三基、町内で設置することになった。

補助金の申請をするのも初めてだった。「炭窯を設置するから」といっても、それだけでは県も補助金を簡単には出してくれない。そんなことも僕はこのとき初めて知った。

この炭窯をつくることによって、町にどのような効果が生まれるかを作文しないといけないのだ。要するに事業の「物語」を書く必要がある。今でこそ、口癖のように「物語（ストーリー）が大事！」と言っている僕だが、当時はまったく書けなかった。元来は理系の農学部の人間なので仕方がない、と言い訳しておこう。

入庁以来、最大の達成感

県の担当者の指導を受けながら、どうにか書き上げた「物語」は「広島市などの都市部から週末一泊二日で遊びに来てもらい、地域住民とともに炭窯の体験をする」というものだった。

設置した炭窯でつくった炭を販売するのではない。しかも参加料は一万円。県の担当者が「それがいい」と言うがままに申請書を書き上げた。だが、僕は「わざわざ炭焼きをしに広島市内から一時間半もかけて、車で高速代も使って、しかも参加料も支払って、来てくれるのだろうか」と半信半疑。「県の担当者が言っていることは机上の空論で、申請書を通す方便だろう」とタカを括っていたというのが正直なところだ。

はたして補助金は無事採択され、炭窯も町内に三基設置されて、「炭窯体験ツアー」を実施することになった。炭焼き関係者はやる気満々である。炭窯体験だけではなく、神楽や地元特産品を夕食に振る舞う計画になり、打ち合わせの段階から想像以上に盛り上がっていた。

我が家もそうだが、田舎の人は都会からお客さんを迎えるとき、120%のおもてなしを考えるものだから不思議なことではない。とはいえ、この炭窯体験事業に全力を尽くそうとする地域住民のパワーには、ただただ圧倒された。

この噂をどこから聞いたか、地元紙の記者が取材に来てくれて、翌日の新聞に掲載されると、役場にたくさんの参加申し込みの電話がかかってきた。

僕の予想は完全に外れた。二〇名の募集に対して約一二〇名の申し込みがあったのだ。そのことを炭窯の役員会に報告とすると、何回かに分けて申し込み者全員を受け入れようという話になった。

となると週末に一回だけだった当初の予定が六倍になって、一か月半も土日が潰れることになる。

「僕の休みがなくなってしまう。海に行けないじゃないかー」と少し不満もあったが、自分が企画したイベント（ほとんど県の担当者や役場の先輩、炭窯組合の方に手伝ってもらったおかげで成立しているのだが）が、多くの方に関心をもってもらえたのだ。

入庁以来、五年目にして最も達成感を感じていた。

参加者も地元の人も楽しそう

一〇月の土曜日、午前一〇時、最初の二〇名が炭窯体験をするためにやってきた。子どもから大人まで、年齢構成はバラエティに富んでいた。

炭を焼いているとき、参加者の顔はすばらしく生き生きとしていた。笑い声や「へぇ」「おおー」という感心や驚嘆の声が絶えないのである。

指導する炭窯組合の担当者も、地元食材を活用した昼食や夕食の用意、神楽の準備などをしてきた町の人たちも本当に楽しそうだった。みんな直前まで、念入りに準備をしてきたのだ。

白状すると、僕は当日になってさえ、広島からわざわざ炭焼きを目的に、宿泊費込みとはいえ、参加費に一万円も払って、田舎に一泊する人々がいることが信じられなかった。だが、よく考えてみると、僕は冬でも海に潜る。他人から見ると、水温二〇度を下回る冷たい海の中をよく潜るな、酔狂なことだと思われている。でも、僕は夏の海よりも透明度の高い冬の海が好きだ。

この炭窯体験も、それと同じだと思った。僕の感覚では楽しいとは思えないものでも、それが楽しい、やってみたい思う人はたくさんいる。人にはいろんな考え方もあり、興味もさまざまだ。炭窯体験で歓声を上げる人たち（参加者も地元の人も）を見ていると「ほんとうに十人十色なんだなぁ」と思えてきた。

必ずしもみんなが、僕と同じように思ったり感じたりするわけではない。そんな当たり前のことも、このときの炭窯体験事業で、うっすらと学ぶことができたように思う。

喜んでいる参加者を見ているうちに、僕自身が「田舎にあるものはつまらない」と思い込んでいたのではないか、とも気がついた。東京で暮らしていた学生時代、島根県出身であることを恥ずかしく思っていたのと同じではないかとハッとした。

福祉施設への異動とおばあちゃんの介護

そんなころ、僕も結婚を考えるようになった。相手は先にも触れた通りスクーバダイビング仲間である。もう少し明かすと当時農林課に所属していた二才年上の女性。ちなみに奥さんの旧姓も寺本なので、苗字を変えることもなく、ごく自然に結婚できた。

結婚とほぼ同時期に僕の仕事も大きく変化した。町が運営する福祉施設に人事異動になったのだ。事務職ではなく、現場の指導員として辞令を受けた。僕は福祉現場の経験がまったくなかったので、仕事に対しては不安もあった。

でもそれ以上に期待感が大きかった、というのも福祉施設は土日も勤務になるので、平日にかなり続けて休みが取れる。つまり「これでやっと心おきなく海に潜れる！」という楽しみの方が大きかったのである。相変わらず僕の頭の中は「仕事より海」だったことを白状しておく。

ただ当時、大きな心配事もあった。僕をものすごく可愛がってくれたおばあちゃんが脳梗塞を患い、寝たきりになっていたのである。自宅での世話が難しくなり、施設に預けるかどうか、親戚の中で懸案になっていたことが、僕にはいちばんの気がかりだった。

僕が子どものころのおばあちゃんは、いつも他人のことばかり考える人だったのに、患ってからは、幼稚園児のようになってしまい、自分のことしか話さなくなっていた。

日中はなんとか介護できても、夜は頻繁に「おしっこに行きたい」と言うので、とても一人で看てはいられない。おばあちゃんは「施設には入りたくない、この家にいたい」と言っていたので、親戚が交代でおばあちゃんの介護にあたることにした。

僕もできる限り家で看てあげたくて、夜の介護のローテーションに入り、週に二回ほどおばあちゃんに添い寝することになった。不思議なことに母が添い寝すると、夜に一〇回以上、「おしっこに行きたい」と大声で起こすのに、僕のときはほとんど声を上げなかった。だから母も親戚も、みんなが添い寝する日は眠れないと言っていたのに、僕だけ快眠できた。それだけに、おばあちゃんが僕のときは気を使ってくれているようで、それが可哀想だった（もしかしたら、僕の介護技術に不安を抱いていたのかも……）。

そんなこともあって福祉施設での仕事では、おばあちゃんの介護も重なり、とてもいい経験をさせてもらった。いちばんの学びは、重度の知的障がいをもつ利用者の担当になり、彼らと生活する中で、日々のあたり前の生活が非常に貴重であることを教わったことだ。

昨日よりも元気に暮らしてもらうため、食事や運動の工夫をすると、一足飛びには上手くはいかないけど、わずかながらも状態がよくなる。僕自身、利用者の状態が改善すると喜び、悪化すると落ち込んだ。この一喜一憂のうちに、人の気持ちを考えながら観察、洞察していく力が養われたように思っている。

故郷の町がなくなる!?

結婚もして充実した日々を過ごしていた僕の耳に衝撃のニュースが飛び込んできた。「平成一六（二〇〇四）年一〇月、石見町は隣町の瑞穂町と羽須美村と合併する」というのである。石見町が消滅して新しい町が誕生するなんてことが、僕にはまったく想像できなかった。しかし合併は既定の事実。一年後には確実に合併するのである。

正直なところ、最初に頭をよぎったのは「僕たち、役場の職員はどうなるのだろう」という不安だった。おばあちゃんは「役場の職員になれば、一生安泰」だと言ってニコニコしていたのに……。寝たきりになっているおばあちゃんには文句も言えない。

そして合併半年前、僕は合併事務局に異動になり、それをきっかけに別人のように仕事に邁進するのである（われながらあまりの変身ぶりに驚いている）。

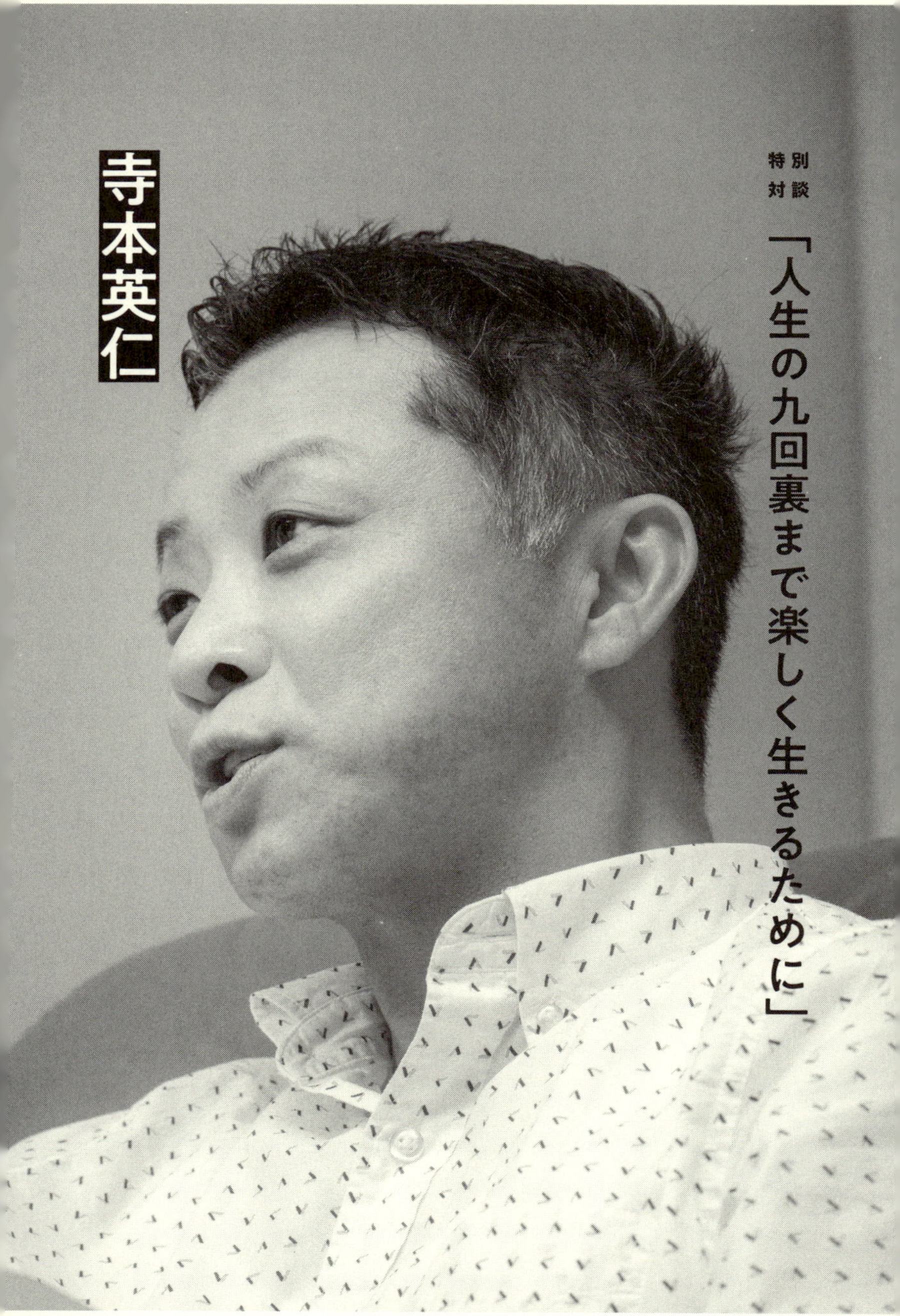

特別対談

「人生の九回裏まで楽しく生きるために」

寺本英仁

藻谷浩介

1964年山口県生まれ。平成大合併前の約3200市町村のすべて、海外90カ国を私費で訪問し、地域特性を多面的に把握する。2000年ごろから地域振興や人口問題に関して精力的に研究、執筆、講演を行う。著書に『デフレの正体』『里山資本主義』など、ベストセラー多数。

自然環境は厳しいようでも、本来は人間の生活に向いている豊かな土地

藻谷　邑南町という町は、地理条件から言えば、活性化がなかなか難しい場所です。ですが実際に行ってみると、一筋縄ではない、したたかな活力を感じられる町でもある。これが続くかどうか、ということを私はずっと注目しているわけです。まるで応援するチームが戦っているのを見守るみたいな感じです。

私は長年、広島カープのファンなのですが、プロ野球でも三勝二敗ペースを続ければ優勝できます。地域も同じでしょう。ですがファンとしては、一つ負けるたびにいちいち心配になる。この好調はいつまで続くかというのも不安です。チームも地域も世代交代が必須ですが、交代にしくじると弱くなる。邑南町も、一〇年単位とかでどうなっていくのかな、とファンのように注視していますよ。

編集部　邑南町はどんなところが難しいのでしょう？

藻谷　まず、無理に広い範囲で合併しているということ。羽須美村は、江《ごう》の川《かわ》が県境になっていなければ、対岸の広島県作木村《さくぎそん》（現・三次市《みよし》）と合併しておいたほうが自然だった。

島根県で選ぶなら、いろいろあったけれども大和村（現・美郷町《みさと》）のように、やはり江の川沿いの町村で合併しておくのが素直な合併だったはずなんだけど、瑞穂町・石見町と合併したわけです。ただその羽須美に、実は妙に人材だの資源だのが多いのですよ。
　役場のある旧・石見町にしても、古代の石見国の中心だったわけではない。昭和の大合併のときに、あまりにバラバラで名前のつけようがなかったから、石見を名乗っただけです。寺本さんは、その旧・石見町の中でも旧・日和村の人。日和は独立した盆地で、今は長大なトンネルが通っているから簡単に行けるけど、トンネルがなければ、ほかからかなり隔絶された場所ですよね。

寺本　もうめちゃめちゃ孤立しています。昔の道だと役場のある矢上まで自動車で四〇分はかかりますね。

藻谷　昭和の大合併で旧・石見町になった日和、矢上《やかみ》、日貫《ひぬい》といった旧町村でも、みな水系が違う。最後は江の川に注ぐのだけれども、途中は全然違うところを通ります。旧・瑞穂町も、「瑞穂の国」という綺麗な名前をつけているということでわかるように、バラバラの町村の寄せ集めですね。住民のアイデンティティは、昭和の合併前の町村、つまり字《あざ》にあるわけです。

こういうところでは、どこかで何かやると必ず横の地区が文句を言う。今でもいろいろ風当たりが強いでしょ？

寺本　どうなんですかね。最初は地区同士で遠慮があったのかもしれないですね。

藻谷　邑智郡の南で邑南町なんて、すごく由緒ある名前ですが、ほとんど誰も読めないじゃないですか。邑智というのは窪地という意味なので、そもそもは矢上の盆地を指した名前でしょうけれど、昭和の合併ではまったく違う場所が、旧・邑智町（現・美郷町）になった。これまた、バラバラな町村が合併したから郡名を名乗ったのです。さらに、瑞穂インターで降りると旧・石見町の中心だった矢上の方が近くて、旧・瑞穂の中心だった田所《たどころ》に行くには広島県の大朝《おおあさ》インターの方が近いという複雑怪奇な状態にある。それから、鉄道ファンには旧・羽須美村の口羽《くちば》駅しか知られていない。

加えて、平地がない。そんな山村は日本中どこにでもあると思われるかもしれないけど、中国山地は特に難しいんですよ。過疎化と高齢化がとても早いし。

瑞穂ハイランドスキー場は、関ヶ原以西では最大のスキー場なんです。広島市からたった一時間のところにあんな本格的なスキー場があるなんて誰も想像しませんよ。それだけ山が険しくて雪が深いってことなんです。

ですけれども、人が住む必然性はある場所です。雪が多いゆえに、絶対に水不足にはならない。山の恵みで燃料になる薪も多いし、土地も肥えている。ですが平地が乏しすぎて量が獲れない。

寺本　全国各地、いろんな町に行ってみると、邑南町って暮らす環境としては大変かもしれないな、でも災害は少ないな、と思います。

藻谷　災害は下流になるほど起きやすいけど、邑南町は最上流ですからね。ただ、上流部は普通は地滑りが怖い。ところが邑南町の各盆地は、かつての地滑りの跡なんですね。たら製鉄用に、山を切り崩して「鉄穴《かんな》流し」によって砂鉄を取った跡が、盆地になっているからです。製鉄民が、人工的な地滑りを何百年間も起こし続けたわけですが、それで木が根こそぎなくなった斜面を棚田にしていったんですね。何百年かけてこれ以上は無理ってところまで崩しているから、今では地滑りも起きない。

寺本　四国山脈と中国山地に遮られて台風も来ないんですよ。

藻谷　冬、それだけ雪があって、夏は盆地だから暑い。朝晩の寒暖差も大きいので、新潟の魚沼《うおぬま》地方のように、米も野菜もとびきり美味しくなる。土地は狭いですが、単収も高くなります。有名な話ですが、明治一九年の国勢調査と戸籍調査の結果を今の都道府県単位に直すと、いちばん人口が多かったのは新潟県でした。当時は東京都の二倍以上の人が新潟にいたんです。寒暖の差の激しいところは、もともとの人口支持力も高いのです。

新潟も江戸時代までは、沼地の広がる平野部にはあまり家はなくて、冬に雪が多くて水不足にならず、夏は暑い魚沼あたりの丘陵地に大勢住んでいた。どこまで行っても棚田で、邑南町と同じ地形なんです。邑南町は日本神話のヤマタノオロチのころから人が住んでいる土地で、本来は人間の生活に向いているところ。「過疎になって当然」なんてことはまったくないのです。

寺本　あまり外にものは出していないけど、自分のところにはたんまりあるんです。食べてはいけるなって。

生産者という土台の部分を保ちつつ流通や商業のセンスを持つ土地柄

藻谷　邑南の先人たちは、鉄穴流しの跡地に棚田を作り、里山に木を育てて炭焼きもやって、余った炭や灰を田畑に撒いた。大きな川に流されたりもしないから養分も溜まる。大変な努力によって非常に肥えた盆地になったわけです。そんな面白い場所を大事だと思うか、都会に行って土地に縛られずコンビニに通う暮らしをしたいと思うか、哲学の戦いみたいなことが、今、起きている。

そこに寺本さんたちが出てきて、恵まれた地理条件を活かして、「ここでしか採れない、素晴しく美味しいもの」を高く売ることを始めた。マーケティング的に考えればすごく真っ当だけど、これまで誰もやろうとしてこなかったことに挑戦しているんですよね。そんなこととすると、普通は農協（JA）がいちばんの敵になるんだけど、邑南町では味方なんですか？

寺本　和牛とかお米とか、一緒にやっていることもけっこうあるので、一緒に課題に取り組んでいる仲間っていう感じですね。「みずほスタイル」も一時期は、農協にやってもらっていたし。

藻谷　それも珍しいですよね。邑南町の悪い条件ばかり挙げましたけど、いいところもたくさんある。先祖は最初は製鉄、その後は炭焼きで現金を稼いできた。最初は工業の民だったのが、農民になりさらに商人化していったという順序が面白いですよね。その結果、農民にも工業や商業のセンスがある。
それから、山陰山陽を結ぶ物流の要路だったので、昔は輸送用の牛を育てる人や博労《ばくろう》がたくさんいたことでしょう。それが今の石見和牛肉に繋がってくる。

寺本 多かったと思いますよ。牛市とかあったもの。

藻谷 当地の農協には、平野部の農協がやっているような、コメ農家に農機具と肥料と農薬を大量に売って、預金を集めて食べていくというモデルが難しかったんでしょうね。耕地が狭くて大規模農家がないですから。そこで、石見和牛肉とか、少量で値段の高いものを農協自ら工夫するようになった。その延長で、〈A級グルメ〉にもすんなり協力してくれている。

寺本 農協が食肉加工場を持っていて、石見和牛肉の繁殖牛を買い取ってます。地元の農家の買い支えのためにやってる。そういうのって全国的にはあまりやってないのですが。

藻谷 町内の農産物は量が少ないけれども、味が明らかに美味しい。とすれば少しでも高く、生産者のマージンが大きくなるように売らなければなりません。

ですが直売所で売るだけでは限界がある。そこで、町内で料理として出される部分を増やそうとし始めた。もちろん来客数にも限界はあるから、普通は早々に市場が飽和してしまうところなんだけれども、やってみたらなかなか飽和しない。寺本さんたちの挑戦は、「限界があるはずだ」という考え方に縛られずに、もう少し、もう少しと先を開拓しているところがすごい。だめならやめる、やれるならやる、の間合いを柔軟に測っている。

寺本　僕がやっているのは、野球でいうと盗塁みたいなもんです。牽制されると戻るけど、またちょっと進んで。成功するかどうかは走ってみないとわからない。

藻谷　それって、事業をするということの本質ですよね。

寺本　アウトなのかセーフなのか、僕にはジャッジできないですもん。ここまで塁を離れて出てもいいかな、みたいな。そんな感じの仕事の仕方です。

藻谷　「100％セーフのときしか走らない盗塁」みたいなことをしていたら、事業なんて成り立つわけがない。塁上に居っぱなしになってしまう人が多い中で、いきなり盗塁をガンガン試みるというアントレプレナーシップに溢れた人が役場にいたっていうのは、大変面白いことです。

商売人でも実は同じです。そもそも多くの商人には、地元で作ったものを土台に商売するということだわりがない。どうしても「よそから持ってきたものを横流しして地元に売る」ということに走る。その方が楽ですから。ですが寺本さんは、千年くらい前から人の住んでいる日和の農家の跡取りだからなのか、生産者という土台の部分をずっと持っている。

日本人の苗字は地名を採用したものが非常に多い。ですがいつのまにか、多くの人は先祖の根差していた土地がどこだかわからなくなってしまった。「都会にはいいものが集まる」だの「ITで未来を拓く」だの言うけど、ベースになる生産の現場を持たない人、根ざした土地のない人間が言っていることには、自分への反省も含めて、深みがない。根ざしてやってた経験がある人と、ふらふらと浮浪していた人とでは重みが違いますよね。

邑南町ってどこにでもある厳しい山里ではあるんですけど、邑南町が何とかなりうるのであれば、そのノウハウの本筋は、全国各地で役に立つはずです。

老後、都会では「食べていけない」が邑南町では高齢者が自給している

藻谷　面白いのは、そんな邑南町では、過疎化が一方的に進んでいるわけではないというところです。第一に、子どもが減らなくなってきている。年齢別の人口で言えば、八五歳以上がいちばん多いというすさまじく高齢化した町なのに、実は今、いちばん下の四歳以下の子どもの減少が止まりつつある。

子どもが減っているのは都会も同じなので、いま全国で、高校を統廃合する動きが進んでいます。ですが邑南町では、地元で唯一残った矢上高校を守ろう、残そうという動きをわりと早くからやっている。

寺本　矢上高校は守らなくてはいけないと思っています。藻谷さんの本を読んだり話を聞いたりして、お金を地域でぐるぐるまわす里山資本主義的にやっていこうと実践して、地元に飲食店はいっぱいできた。地元の人にお金を使って食べに行ってもらいたい、というところまで漕ぎつけた。

ところが当の地元の人は「外食にお金がかけられない」って話になるんですよ。その理由を探ってみると、かなり教育費に充てている。もし高校がなくなったら、たとえば交通費とか下宿代とか、親は稼いだお金の半分とかを町外に出さざるを得なくなる。そうなるとさらにお金がなくなってくる。地域にお金を循環させるには、小中高と地域にできるだけ残すようにしないと、どんどんお金が出て行っちゃうなと気がついたんです。

藻谷　何とか高校を残せても、次は大学がないことが問題になります。田舎ほど都会の「いい大学」を出て「いい会社」に入った方が幸せという信仰が強い。でもこれは、男性の平均寿命が六〇歳代だった高度成長期の考え方なんです。

七〇歳になる前に死ねるなら、東京に行っていい会社に入って重役目指して働いて死ねばいい。ところが現実には人生は七〇歳では終わらない。少なくとも八五歳までは続く、普通はさらにその先まで続くと考えるべきです。

野球で言えば人生は九回裏まであるのに、六回の裏で「あとはもう知りません。交代できるピッチャーもいません」というのが東京。どんなにいい会社に入っても、退職して二〇年もすれば退職金はなくなってしまいます。長い老後のためにみんなが金を溜め込むとなると、ますます消費が細ってデフレになる。

ところが邑南では、八五歳以上の町民が、他の年齢より多いわけですよ。彼らは退職金や高額の年金がなくとも、生き生きと暮らしている。死ぬまで田畑で何か作ったり、店か何かを手伝ったりして、収入なり生き甲斐なりがあるのです。意気揚々と都会に出て、六〇歳で用済みにされ、後は年金不安におびえるだけになるよりも、邑南にいた方が九回裏まで人生を楽しめる可能性が高い。

そんな都会では、子どもをたくさん持つのも難しい。広島市の出生率は政令指定都市の中ではトップクラスですが、それでも一・五前後です。一・三少々の大阪、一・二の東京に若者を集めるのは、日本人の減少の元凶で、社会全体で見ると愚の愚なんですよね。

東京のように高齢者に自給する道がまったくない地域は、団塊の世代が後期高齢者になっていくこれからはとても厳しい。しかも子どもも産み育てにくいとなれば、東京の大学に行っていい人生、なんて思い込みだとわかります。

寺本　都会で年をとるのは大変ですよね。

藻谷　実際、首都圏民の老後はリスクだらけです。生活保護の受給率からその一端が見えます。二〇一五年の全国平均は1・7%ですが、東京二三区の数字は2・4%で、実は全国のどの道府県よりも高い。大阪府よりも高いのです。「いい会社」のある東京の方が生活保護率は低いと思っている人は、さっきも言ったように頭が平均寿命が六〇代だった時代のままですね。

誰でも九〇歳まで生きる今、生活保護受給者の多くは後期高齢者です。田畑のない東京では、貯金を使い切ってしまえば自給して生きていく道はありません。農業をやったこともないし、そもそも自分で食べ物を作る、得るっていう習慣がない。人に何かをあげて代わりに何かをもらうっていう習慣もない。つまり自給と物々交換がない。他方でコンビニもスーパーも飲食店も、日々大量の食材を廃棄していますが、それを生活保護受給者に「恩送《おんおく》り」して公費負担を削る仕組みもない。

これに対して島根県の生活保護受給率は0・9%と、全国平均の半分です。島根の高齢者は食べ物を相当に自給しているし、自給できない人も、自給できている人からもらえる。この事実を、数字が示しています。

「ajikura」に代わる大型新人「香夢里」の評判がいい

編集部　ちょっと話は変わりますけど、寺本さんと藻谷さんの最初の出会いは？

藻谷　NHK広島放送局が制作した番組「里山資本主義」の取材を邑南町でやるってことになって。「ajikura」でご飯を食べながら一時間半くらい話したんですよ。

寺本　「里山資本主義」の第五回でしたっけ。そのとき初めて会いました。

藻谷　私は学生時代に自転車旅行で邑南町を通過しているんですけど、どこまで行っても同じ里山の盆地という印象しかなかった。ただ、中国山地の真ん中に、二〜三キロですけど直線の道路があって「なんでここだけ道が直線なの。すごいな」って思った記憶があります。それが矢上盆地だったわけですね。その後に「里山資本主義」の番組収録で来てみたら、食べ物が圧倒的に美味い。また来たいなと密かに思っていたら、そのあと寺本さんが声をかけてくれて。

寺本　僕は「里山資本主義」の番組にかかわるうちに、今までわけもわからずやっていたことが、「ああ、やりたかったことってこういうことなんだな」って体系的に理解できてよかった。

藻谷　あの番組は六回のシリーズだったんですけど、その中でも特に面白いなと思ったのが邑南町。あと山口県周防大島町の「瀬戸内ジャムズガーデン」や、最終回の広島県世羅町の「おへそカフェ」も面白かった。彼らは家の前で採れたものに若い感性で高い付加価値をつけて売っている。商品力があるし、やっている人間も面白い。鼻っ柱の強い人たちがやっている。「ａｊｉｋｕｒａ」のレベルが高いんでびっくりしたんです。ただ、役場主導の地産地消レストランというのは初っ端だけで終わってしまうことがほとんどだから、大きく商業的に成功するところまでいくかどうかはわからなかったんですけど、その後、見事に開花しました。このバッター、大成するかなと思っていたら、本当に年間三〇本もホームランを打つようになった、みたいな。

寺本　民営化した「ａｊｉｋｕｒａ」はもう四店舗になりますからね。

藻谷　彼らも、邑南町の食材を引き続き使っているの？

寺本　もちろん、使っていますよ。

藻谷　そういう意味では、創設の趣旨は一貫していますね。

寺本　大型新人が「香夢里」です。「ａｊｉｋｕｒａ」をやりながら気づいたことを活かして、邑南町の郷土料理に近い感じのレストラン。デビュー早々から評判がよくて活躍しています。

親の財産で子どもの将来が左右される〝封建制度〟では社会が弱くなる

藻谷　以前、ある東京の難関大学の教授に呼ばれて講義の手伝いに行ったら、真面目な女子学生から「田舎に人がいないってことは、自由競争に敗れて、経済的に負けているから人がいないんじゃないでしょうか？」という質問が出ました。意表を突かれたけれども、「都会出身の経済学部の子って、自分たちは勝ち組、田舎は負け組って素直に信じているのか」と感動しました。素朴に思っていることを聞いてくれたのは、ありがたかったのですがね。その場では、「たくさんの人が支持しているっていうことが、競争に勝った証拠なんですかね。アメリカ人はコカコーラばかり飲むけど、それが優れた商品だってことにはならないですよね…」みたいに回答したんですが、今なら「妾や愛人が十五人いる男と、一人の奥さんとすごく仲よくやっている男、どっちが競争に勝った人なの？」って答えるかな。「二五〜三九歳女性の就労率が82％と日本一で、しかも出生率が二に近く日本二位の島根の女性と、同じ数字が68％と一・二で全国最低水準の東京都の若い女性、仕事でもプライベートでも充実した勝ち組はどっちだと思う？」ってのもいいかもしれない。「あちこちに愛人を作りまくったけど子孫は一人もいないっていう人と、夫婦仲よく共働きして孫もたくさんいる人の、どっちが『勝った』のかな」って。

そもそも、人生は競争じゃないだろうって。世の中全部、競争で決まるって思うところが、お利口なお受験勝ち組の発想の限界ですよね。そういう論法だと、人生七回以降はみな負け組にされかねない。多数決が正しい結果を示すってのも、あまりにウブな思い込みです。
日本は、国際経済競争には勝ってるんですよ。みなさん逆だと思っていますが、国内で作られて海を越えて売られる日本製品の輸出額は、二〇年前の二倍近くになっています。二〇一七年には、米国から十三兆円、中国＋香港から五兆円の経常収支黒字を稼ぎました。でも出生率が一・二を下回っている東京に若者が集まって、どんどん人口が減っている。日本人は、生物集団としては生存競争に負けて消え始めているんです。経済の自由競争で勝ち負けが決まるなんて、誰があなたに教えたの？　ってその女子学生に問いかけてみたいですね。

寺本　僕は、「地方」って子どもを育てるところ、子どもが育つ環境のあるところだなって思っていますが、地方から子どもを送り出せなくなっちゃってる。

藻谷　さっきの教育費の問題ですね。今や親が学費から家賃まで出すのを普通の給料でやれと言われて、無理ですよね。そもそも日本は子どもが少ないのですから、フィンランドみたいに大学までの費用は全部公費負担にした方がいいんです。社会の財産である人間を、個人責任で教育までしろって、もう無理なんです。
ところが反対は根強い。みなさん、「人生は競争。競争に勝って学費を払えた親の子どもの方が、親が貧乏な子どもよりも優れている」などと思っているわけ。これって実は自由競争ではなくて封建制なんですよね。子どもを同じスタートラインに立たせなければ、本当の自由競争にならない。

でも日本人はみんな封建制度が好きなんですよ。女性も封建制度が大好きで、封建制度の中で勝ち上がってきた男の子どもを産んで、子どもも封建制度の〝勝ち組〟にしましょう！って熱を入れているわけですから。

本当は封建制度をやめて自由競争にしないと、つまり親の財産に関係なく子どもが同じスタートラインで競争できるようにしないと、バカ息子が不当に有利になって、世の中は結局崩壊してしまいます。アメリカみたいに田舎にも大学がいっぱいなくてはいけない。ちなみに邑南町の近くには島根県立大学の浜田校舎があって、通おうと思えば自宅から通える。あれはなかなかいい大学ですよ。

寺本　浜田校舎には五〇分くらいで通えます。役場の職員に出身者はわりと多いですよ。邑南町から東京の大学に行かせようと思ったら本当に大変です。僕は司馬遼太郎の『龍馬が行く』を読んで、やっぱり江戸に行かないとダメなんだと思って東京に行きましたが、今思うと、うちの両親はよく行かせてくれたなと思います。

お金があっても勝てるわけではない。カープと邑南町が有利な時代

藻谷　あの時代だと、東京に行って広く見聞を広めることに意味があった。しかしリスクもあって、そのまま東京のどこかの会社の営業マンにでもなってたら、超使える若手としてこき使われて、今、課長とかになっているかもしれないけれど、社長にはなれない。なっても東京の大企業の社長はお飾りです。

出版社で営業として同じ能力を発揮したら、ベストセラーを作ったかもしれないけど、それでは龍馬にはなれない。日本はもう一人では動かないのです。

あるいはお金を稼いでタレントとプライベート・ジェットに乗るよりも、邑南町のような千数百年以上も続いている町を、千年後にも続かせるために繋ぎ役をするっていう仕事の方が、実は話のスケールが大きい。大企業で世界にものを売って歩く方がスケールが大きいと思うかもしれないけど、自分でなくてはできない仕事は、大企業にはない。あなたでなくても誰か代わりの人がやれますよ。邑南を未来に続けることこそ自分たちしかできない。

邑南だけのためでもない。今、寺本さんは、日本全体にとって非常にプラスなことをしているんです。地方に帰った若者のモデルになっている。おっさんくさい昔のキーパーソ

ンではなく、若くて市場感覚のある地域人のモデルです。

たまたま田舎で代々続いた農家に生まれて、都会の大学にも行って見聞を広めた人間が、たまたま地元に帰り、自分にしかできないことを頑張った結果、千年後にも効果が残るかもしれない。真似したくなりますよね。

寺本　最初は単に、特産品を売りたいだけだったんですけど、今はものを売るために人を育てたい。人材育成をやりたいなって思うようになってきました。

藻谷　やっぱり役場職員って、いろいろな可能性があるんですよね。大企業だとどうでしょう。若いうちはものを売るのが面白くてしょうがないから一生懸命やる。で、売り場を変革しましたとか、営業先を開拓しましたとか頑張っているうちに、ただ売るだけじゃなくて生産側から掘り起こして、ブランドの価値をあげたりもする。ですが人材育成をしなくちゃいけないって気がついたとき、大企業だと限界がある。人事部に行くと今度は人事しかできないわけです。小さい役場だと、すべての部署にアドバイスできる。最高に面白いよね。

寺本　そこはもう、やめられないですね。大きな市役所だと何百人もいるから顔がきかない。邑南町は約二〇〇人。本庁にいるのが一三〇人くらいです。

藻谷　顔がきく限界的な大きさですよね。よく一〇〇人が限界とも言われるけど、お互いに影響を及ぼしながら、「こうしたらいい」って言える規模。小さい町の役場の方が、創造性を発揮できる可能性がありますよね。

寺本　邑南町は面白いですよ。役場職員で、元カープの選手とかもいます。近年の邑南町役場は就職志望者も増えつつあります。採用は若干名ですが、邑南町出身以外の一流大学を卒業した人もいるそうです。

藻谷　要注意ですよ。東大、京大の中には本当にいい学生もいるけれど、無駄に気位だけ高いボンボン、嬢ちゃんもいっぱいいるからね。

ともあれ、東大卒だからといってもう東京に全員集まるなんてやめようよ、という話です。「野球選手になるならジャイアンツ」みたいなのは、いくら何でも古すぎる。ジャイアンツに入らなくても優勝できるよ、カープもあるよ、邑南町みたいな例もありますよって言えることが非常に重要です。

寺本　藻谷さんも僕も、大のカープファンだけど（笑）。今のカープはマツダスタジアムでの勝率がすごく高いじゃないですか。ストライクがなかなか入らなくて、スリーボールになったとき、観客みんながピッチャーに「頑張れ、頑張れー」って言ってるんです。そんなスタジアムでチームって強くなるんじゃないかと思うんです。邑南町の住民たちが、起業する若者を応援するのとまったく同じですよ。

藻谷　カープと邑南町の「てらだのぱん」が重なりますよね。住民も応援しているし、トータルしたら売上が悪いわけじゃないのに、ちょっとお客が少ないと「もうあの店は潰れるなんじゃないか」とか、周囲が悲壮な感じにもなるところが、カープファンとよく似ているなと思って(笑)。でもそういう暖かいファンが、チームを強くするのです。

寺本　毎年選手が変わってたら、応援のしようがない(笑)。

藻谷　カープは、チーム防御率とかチーム打率とか個別の数字はよくないのに勝っているのはおかしいって言われるけど、逆でしょうよって言いたい。都会にいて、個別能力の合計で勝とうとしてきた人は、個々の選手の能力と実績と称するものだけで物事を評価する。でもね、野球はチームプレーです。個々の能力を発揮するもしないも、チームワーク次第。都会の大企業は、いわゆる「能力評価」が行き過ぎて、そこがわからなくなっている感じです。邑南町も能力が高い人が外から来て、その人の力で賑わっていると思う人がいるかもしれないけれども、それは違う。そこそこの能力の人がなんとなくわさわさ集まって、そこそこチームプレーでやって、結果を出しているんです。

寺本　お金があれば信用がついてくるのではなくて、信用があればお金がついてくるっていう時代になってきているのかなと思います。ドラフトの逆指名とかＦＡとかでお金を使わなくては勝てなかったころ、カープはめちゃくちゃ弱かったじゃないですか。今はそうじゃなくなって、カープとか邑南町にアドバンテージがきているのかなと思ってます。

邑南町は広大無辺。課題も多いが、想像以上にポテンシャルが大きい

寺本　邑南町の子どもたちが、高校、大学で学ぶための費用を軽減するためのスキームを考えたいと思っているんです。

藻谷　邑南町は、最近は子どもが増えてきたとはいえ、その前の多年の若者の流出の結果

として、現状としては八五歳以上が一番多くて子どもの数は少なめ。であればこそ、そういうことに手を打てるはずなんです。本来は日本国全体でやるべきことですが、高齢化する日本では今すぐやらなくてはいけないありとあらゆることの決定が遅いし、決定してもなかなか行動しない。

霞が関も大企業も行動する組織文化になっていないけれども、邑南町はそうじゃない。行動する組織文化がある程度あると思って役場に就職志望者が来るんでしょうね。若い人たちはジリジリしてしょうがないから、地方の行動する人がいるところに戻ったり集まったりしている。そこへもってきてこれから、八五歳以上の高齢者はどんどんいなくなって、重石が取れてくる。全員がある種のディシプリン（規律）だけは最低限共有しつつ、各自それぞれ壊すものは壊す、創るものは創るという行動を取れれば、今後四〇年以上高齢者が増え続ける都会よりもむしろ容易に生き残れる。邑南町の面白いところはそこですよ。

全員がピタッとビジョンを共有してまっすぐに進みました、ってなるとむしろ壊れるんです。なんとなくフワフワと進むのが大事。

寺本　そうですね。

藻谷　そういうことが共有されていることはすごく重要です。寺本さんみたいな立場と年齢の人が、牽制されてもじっとしていないことが、カチッとした集団よりもゆるふわの雰囲気を作るのに貢献したんでしょう。もしかすると課長や町長も現場を見ながら、「こいつを泳がしておくことで、そんな雰囲気が作れる」と思っているのかもしれない。「そうしないと我がチームは成り立たない」って知っているのかも。

寺本　邑南町は加点主義かもしれないですね。上司の評価も。

藻谷　邑南町役場のいいところはね、私が今まで役場で会った課長がみんないい人。世の中には変な課長がせっかくの若手の成果をめちゃくちゃにするっていうケース、いっぱいあるからね。

寺本　そういう人、いないですよ。この本にも書きましたけど、今の課長たちって、僕が担当者としてやっていたときに係長だった人ばかりなので、よく応援してくれているし、お互いの立場がわかっていますから。

藻谷　牽制されながらも、塁から離れて盗塁を狙うという態度は、すべての組織人の参考になる。若い人は寺本さんを見ながら「あそこまでは許容範囲なんだな」って学んでいるかもしれないね。「あっ、刺された！」とか(笑)。

やることはすべてやって、限界線はこのくらいだなって思ってしまうと「もう辞めようか」となりかねないけれど、資源を掘り尽くした感はないわけ？

寺本　まったくないですね。

藻谷　邑南町は広大無辺なので、課題もいっぱいあるけど、広大な分、未発見のポテンシャルも大きい。

学ぶべき相手から学ぶ——特定の「師」を持たない二人の共通点

編集部　寺本さんと藻谷さんが会ってるときって、だいたいこんな感じでお話されてるんですか？

寺本　藻谷さんがわーっと喋って「そうなんですね。(聞きっぱなしで) すみません」、みたいな(笑)。

藻谷　寺本くんはいつも、「どこかニヤニヤしながら、聴くとこは聞いてる」みたいな感じかな。人に会って、いろんな人の話を聞いているわけですから、聴くのもプロですよ。それにもう五四歳の私とは、エネルギーも違うし世代も立場も違う。でもね、寺本くんと自分の似ているところはたぶん、特定の先生がいないところでしょう。恩人はたくさんいるけど、特定の「師」がいない。

寺本　いないんですかね?

藻谷　いないでしょ。言いにくいことなんですけど、私にも恩師はいない。私の恩師だと思っている人がいたらかなり失礼なんだけど。恩人は本当にたくさんいますよ。でもその人の真似をして生きてきたっていう「師」はいません。

寺本　何なんですかね、恩師がいないっていうのは。

藻谷　寺本さんも私も、プロダクトアウト(供給側の発想優先で、需要側の発想を無視して、開発・生産・販売などを行うこと）の考えじゃない、ってことなんですよ。「師に学んでその通りにすれば道を成せる」、あるいは「道を成すには師に学ばなければならない」っていうのは、「師のような人間になれば常に通用する」という考え。つまり、「自分という人材を錬成して世に供給すれば、需要は湧いてくる」っていう、プロダクトアウトの発想そのものなんです。実際には、師のやっていることはもう今の世の中では通用しない可能性が高い。需要は常に変わってしまうからです。師の時代にはあった需要が、今もそのままあるものと想定して、師のコピーになっても、実はもうお呼びではない。

ほら、寺本さんて、今私が話していることをこうしてパパッと理解してくれるでしょ。彼も私も、生まれたときから根本的にマーケットイン（需要側の発想優先で、供給側の自己都合は無視して、求められるものを提供していくこと）なんです。「自分がこういう人間になればうまくいくはずだ」なんて考えたことがない。ニーズがないことをやっても鬱陶しいだけ。すべてはお客さん次第。お客さんが師なのです。いや、お客さんどころかそこらの通行人からだって、酔っ払いからだって学ぶべきことはある。誰でも師なんですよ。

寺本　藻谷さんの言っていることで納得できるのは、人口が減って高齢化していく中で、ものが売れなくなっていくのに、今まで通りに経済が上向くわけがない、だから里山資本主義の考えでいきましょう、ということ。すごくシンプルじゃないですか。それを難しい話にしちゃって、「いや、それは」などと反論が出てくる。やりにくい世の中になっているなって思うんですよ。

藻谷　そう、シンプルにやればいいんです。（反論してくるような）多くの人の目的は、「自分自身の自己肯定感の低さを埋め合わせる」ってことだから。そのためには、自分よりダメそうなものを見つけるしかない。自己肯定感の低い人は必ず格差を作り出し、その格差を守ろうとする。要注意です。

気張って絶望するのはもうやめよう。自分のことが好きになれる町

藻谷　ある程度の自己肯定感さえ持っていれば、どこにいても楽しい生活はできるんですよね。他人と比較せずに自分のやっていることを楽しいと思えれば。東京にいるＩＴの人たちは、人より儲けるとか、人よりクリック数が多いとか、何でも数字を人と相対比較して勝っていることが楽しみ、みたいになっている。これってつまり、元々がものすごいコンプレックスの塊の人たち、自己肯定感の低さを埋め合わせるために他人を見下そうと必死の人たちなんですね。あいにく私にはそこまでのコンプレックスはないので、彼らを含

めて自分より劣っているなんて考えないし、どんどん私を抜いて行ってほしい。
寺本さんはそんなのとはまったく逆で、基本的に自己肯定感があるよね。

編集部 それはどうして身についたと思います？

寺本 小さいときから褒められて育ったからじゃないですか？ 誰かに足を引っ張られるとかもないし…。

藻谷 実際彼は、愛嬌のある可愛らしい子どもだったと思いますよ。面白いことを言えば必ず返してくれるみたいな。

寺本 根拠はないけど、あまり人にガツンとやられたことがないというか。

藻谷 それはいい親御さんだったんですよ。それに本当の自己肯定感っていうのはね、自然に向き合っていろんな活動をして失敗した経験からしか身につかない。それなりに悪ガキというか、危ないことはしていたんじゃないですか？

寺本　かもしれませんね。でも親にも先生にもあまり怒られたことがないです。同じ悪いことをしても友だちの方が怒られてた。なんでこいつ怒られるのかなって思っていました。

藻谷　性格とか育ち方とかで、自己肯定感を高く保てる人っているんですよ。勘違いじゃなくて、自然体にしていて実績も伴っているものです。長寿の双子姉妹として有名なきんさん・ぎんさん、とくにぎんさんはすごく自己肯定感の高い人だったと思います。とにかく楽しそうじゃないですか。それってすごく大切で、他人を見下すのではなく、淡々と自己肯定感が高いことが大事なんです。そういう人、いっぱいいますよ、世の中のおばあちゃんには。

寺本　僕のおばあちゃんもすこくポジティブでした。子どものころはわからなかったけれど、大人になってみると周りは迷惑していたんじゃないかと思うくらい(笑)。

藻谷　そういう人は迷惑かもしれないけれど大事です。猫みたいなものです。勝手に日々楽しんでるだけで、他人も嬉しくなる。犬ってキャンキャン言って自分をかまってもらわないと自己肯定できないんだけど、猫はニャーと擦りよって餌もらうとあとはプイッ、自分の世界に入れる。人間もそういうところが大事なんですよ。愛嬌も振りまくけど自分は自分。そういう部分を取り戻さなくちゃならない。
都会が好きな人がいてもいいんだけど、人口が極端に都会に偏りすぎた。邑南町みたいに田舎でも自分は自分として暮らせる、都会的な面もミックスされている場所がいちばんいいんですよ。人間が人間を取り戻す場である邑南を未来に続けるために、そこに多くの若い人の居場所を作るために、寺本さんたちが案内していって欲しいですね。勝手に絶望するのはやめましょうよって。

寺本　楽しい地域に人は集まります。「楽しい」とはなんだろうって考えると、やはり自分のことが好きでないと、人生も世の中も灰色に見えて楽しくない。みんな、自分のことがもっと好きになって欲しいなって思います。

二〇一八年九月　収録

おわりに

この本の原稿をほぼ書き上げた七月、僕は山形市へと向かっていた。

再会したい男がいたからだ。ちょうど一年前まで「ａｊｉｋｕｒａ」の料理長を務めていた小竹将矢くん。今は山形市内でイタリアンレストランの料理長として活躍している。「耕すシェフ」の研修生として邑南町にやって来て、一年半後に「ａｊｉｋｕｒａ」の料理長に昇格した実力の持ち主。それだけに「自分の力を試したい！」という強い思いが抑えがたくなったのだった。婚約者と一緒に移住してきた彼とは家族ぐるみの付き合いをしていたし、苦闘する場面も腕を上げていくところも見ていた僕には、〈A級グルメ〉構想の発展と歩調を合わせるように成長してきた彼に強い思い入れもあり、寂しさもひとしおだった。

だが、僕は一つ決めていることがある――「去る者は追わず」だ。

研修生であれシェフであれ「辞めようと思います」と僕に切り出すときは、みんな相当の覚悟があるはずだし、彼・彼女たちの人生は彼や彼女自身のものだ。僕の思いや経験で引き留めて、覚悟を鈍らせることはしたくない。小竹くんが邑南町を去る前夜、我が家に「耕すシェフ」全員を招いて石見和牛肉のバーベキューで彼を送ったのだった。

僕自身は移住者ではないし、起業の経験もない。だが伴走して声をかけ、気にとめ続ける中で課題が共有できて、その延長に共感が生まれると信じている。だから日々淡々と走るのだ。ゴールのない日々を心地よく感じていたいと、その夜、思った。

山形で、一年ぶりに食べた小竹くんの料理からは、この地方でしかできない料理を追求している様子がはっきりと伝わってきた。邑南町で学んだ、生産者に近い料理人でいてくれたのだ。僕は「耕すシェフ」の研修制度を八年間やってきて本当によかったと胸が一杯になり、今後も「香夢里」で料理人を輩出していこうと思いを新たにした。


そうやって振り返る日がある一方で、この夏、僕が精魂を傾けていたのは、個性ある食の町への連合の呼びかけである。「地域ならではの食を守り、地域の誇りにつなげていく〈A級グルメ〉のまちづくり」を、全国に広げていこうという取り組みだ。

題して「にっぽんA級（永久）グルメのまち連合」。呼応してくれた五つの自治体（北海道鹿部町、福井県小浜市、島根県西ノ島町・邑南町、宮崎県都農町）が連携して、食や農に携わる人が誇りをもって仕事ができるよう、住人たちも地域に誇りをもてるよう、食を通じて持続可能な地域づくりをしていく。

僕が公務員になってやってきたことが、だんだん形になっていく。

そして、ビレッジプライドを広げていく次の物語は、すでに始まっている。

二〇一八年 秋　　寺本英仁

著者プロフィール
寺本英仁（てらもと えいじ）
1971年島根県生まれ。1994年東京農業大学卒業。その後、故郷に戻り、島根県石見町役場（現邑南町役場）に入庁。邑南町が目指す〈A級グルメ〉の仕掛け人として、みずほスタイル、イタリアンレストラン、食の学校、耕すシェフの研修制度等を手掛ける。〈A級グルメ〉構想の取り組みを全国に広げていくため、2018年秋、想いを共有する4つの自治体と、「にっぽんA級（永久）グルメのまち連合」を設立。現在は総務省地域力創造アドバイザー。『NHKプロフェショナル 仕事の流儀』でスーパー公務員として紹介される。趣味はスクーバダイビング、水中写真。座右の銘は、「満足した豚であるより、不満足な人間であるほうがいい」（ジョン・スチュアート・ミル）。

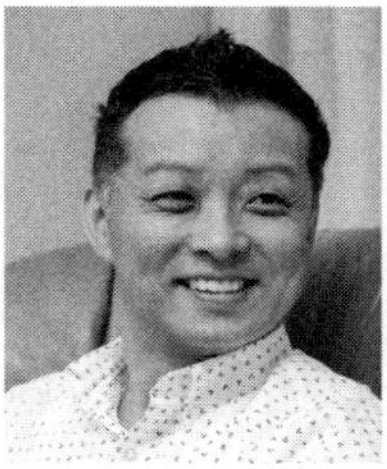

ビレッジプライド　「0円起業」の町をつくった公務員の物語

2018年11月21日　初版第一刷発行

著者　寺本英仁

ブックデザイン　杉山健太郎
装画　小沢かな
カバー写真　山下ミカ
対談写真　藤田修平
青木優佳（藻谷浩介撮影）
企画・構成　五反田正宏

Special Thanks　藻谷浩介　川久保陽子　岡田圭介　邑南町の皆様

編集　小宮亜里　黒澤麻子
Sales Manager　石川達也
DTP　明昌堂

発行者　田中幹男
発行所　株式会社ブックマン社
〒101-0065 千代田区西神田3-3-5
TEL 03-3237-7777 FAX 03-5226-9599
http://www.bookman.co.jp/

ISBN978-4-89308-909-0
印刷・製本　凸版印刷株式会社

本書に紹介しているデータは2018年8月現在のものです。商品の値段は税別の価格になります。

邑南町に関する情報は、邑南町のホームページhttp://www.town.ohnan.lg.jp/にてご確認ください。